Impressum
Verlag: BABADADA GmbH, Nedderfeld 112 , 22529 Hamburg
Geschäftsführer / Verlagsleitung: Harald Hof
Druck: Books on Demand GmbH, In de Tarpen 42, 22848 Norderstedt

Imprint
Publisher: BABADADA GmbH, Nedderfeld 112 , 22529 Hamburg, Germany
Managing Director / Publishing direction: Harald Hof
Print: Books on Demand GmbH, In de Tarpen 42, 22848 Norderstedt

sukuu

okul

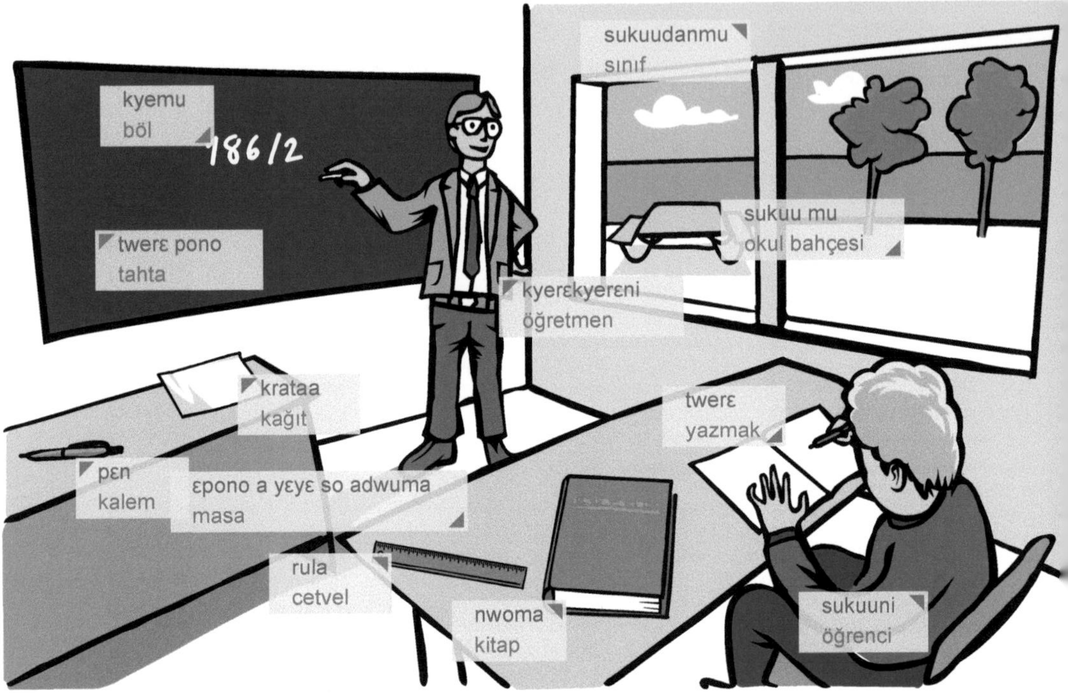

sukuudanmu
sınıf
kyemu
böl
186/2
twerɛ pono
tahta
sukuu mu
okul bahçesi
kyerɛkyerɛni
öğretmen
krataa
kağıt
twerɛ
yazmak
pɛn
kalem
ɛpono a yɛyɛ so adwuma
masa
rula
cetvel
nwoma
kitap
sukuuni
öğrenci

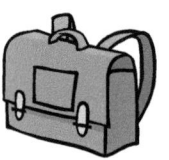

baage

okul çantası

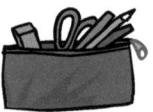

twerɛdua konko

kalemlik

twerɛdua

kurşun kalem

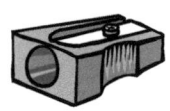

deɛ yɛde sensen twerɛdua ano

kalem açacağı

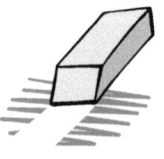

rɔba

silgi

krataa a yɛdwi adeguso

çizim defteri

adedwie

çizim

penti brɔhye

resim fırçası

penti adaka

boya kutusu

apasɔɔ

makas

aman

tutkal

nwoma a yɛyɛ mu adwuma

alıştırma kitabı

efie adwuma

ödev

12

nɔma

sayı

2+2

kabom

ekle

5-2

te fri mu

çıkar

2×2

mmɔho

çarp

sese

hesapla

A

lɛtɛ

harf

ABCDEFG
HIJKLMN
OPQRSTU
VWXYZ

ntwerɛeɛ

alfabe

asɛmfua

kelime

ntwerɛdeɛ
metin

kenkan
okumak

kyɔk
tebeşir

adesua
ders

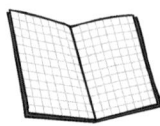

twerɛ wo din
kayıt

nsɔhwɛ
sınav

abodinkrataa
sertifika

sukuu ataadeɛ
okul forması

adesua
eğitim

nyansa nwoma
ansiklopedi

suapɔn
üniversite

maakroskop
mikroskop

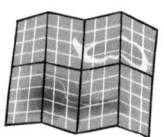

map
harita

kɛntɛn a yɛde krataa nwura
gu mu
kağıt çöp kutusu

akwantuo
seyahat

ahɔhogyebea
otel
Grand
hostɛl
pansiyon
ROOMS
EXCHANGE
baabi a yɛ sesa sika
döviz bürosu
potomanto
bavul
kaa
otomobil

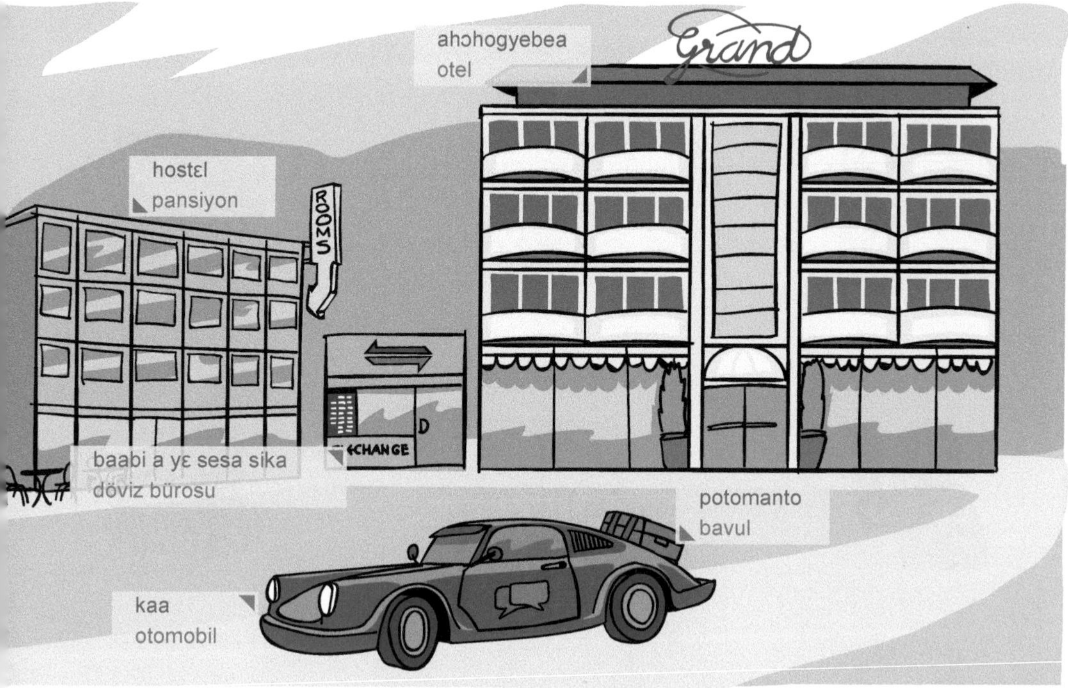

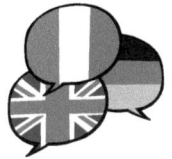

kasa
dil

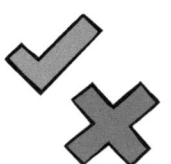

aane / dabi
evet / hayır

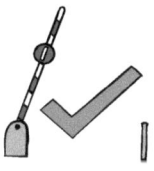

Yoo
Tamam

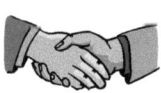

hɛlo
merhaba

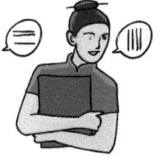

kasa asekyerɛfoɔ
çevirmen

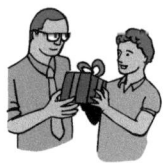

Medaase
Teşekkür ederim

...boɔ yɛ sɛn?

bu ... ne kadar?

Me nte aseɛ

anlamadım

ɔhaw

problem

Maadwo!

İyi akşamlar!

Maakye!

Günaydın!

Dayie!

İyi geceler!

baibai o

güle güle

akwankyerɛ

yön

wo nneɛma

bagaj

bɔtɔ

çanta

akyirebɔtɔ

sırt çantası

ɔhɔhoɔ

misafir

danmu

oda

bɔtɔ a yɛda mu

uyku tulumu

ntomadan

çadır

nsɛm dema wɔn a wɔkɔ
nsrahwɛ
....
turist danışma

mpoano
....
sahil

kaade a yɛde yi sika
....
kredi kartı

anɔpa aduane
....
kahvaltı

awua aduane
....
öğle yemeği

anwumerɛ aduane
....
akşam yemeği

tiket
....
Bilet

pegya
....
asansör

stamp
....
pul

ɛhyeɛ so
....
sınır

kutɔmfoɔ
....
gümrük

embasi
....
elçilik

visa
....
vize

passpɔt
....
pasaport

akɔneabadie

ulaşım

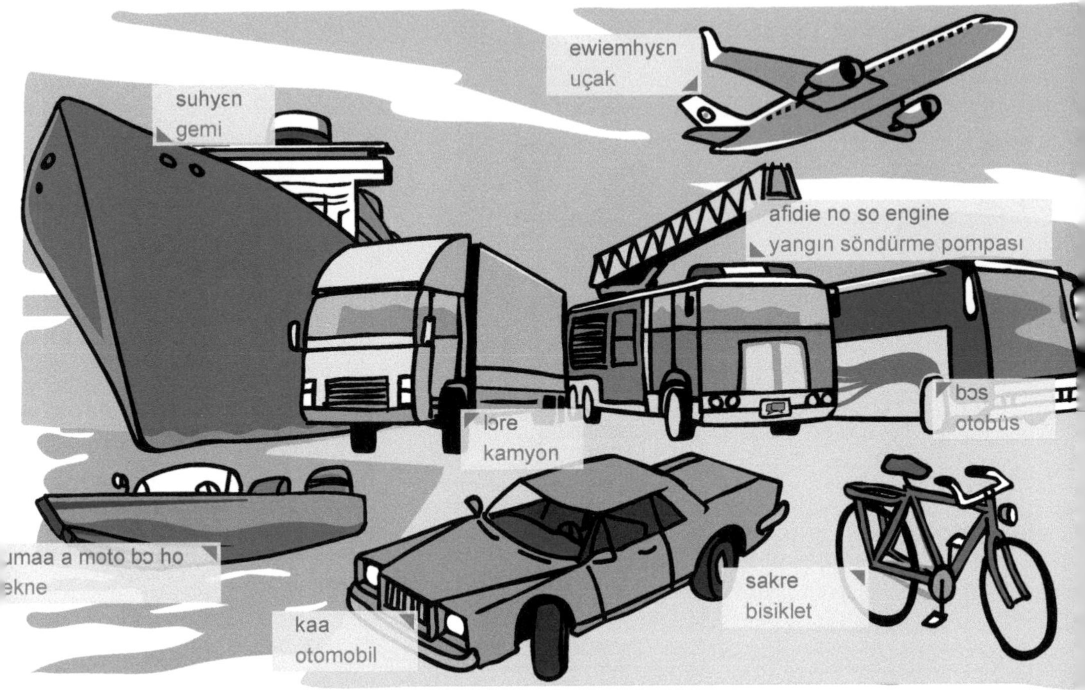

ewiemhyɛn
uçak
suhyɛn
gemi
afidie no so engine
yangın söndürme pompası
bɔs
otobüs
lɔre
kamyon
ɹmaa a moto bɔ ho
ɘkne
sakre
bisiklet
kaa
otomobil

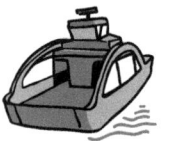

hyɛma

feribot

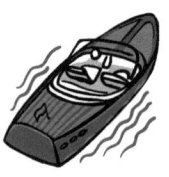

suhyɛn kumaa

bot

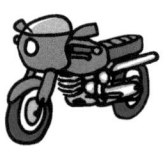

motosakre

motosiklet

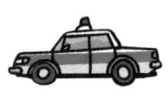

polisifoɔ kaa

polis arabası

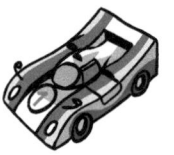

kaa a ɛkɔ mirika akansie

yarış arabası

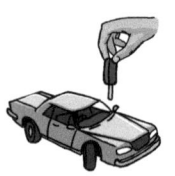

kaa a yɛde ma ahan

kiralık araba

wɔre kyɛ kaa

ortak araba

lɔre a asɛeɛ

çekici

bɔɔla kaa

çöp kamyonu

moto

motor

pɛtro

yakıt

baabi a yɛbu pɛtro

benzinlik

trafik ahyɛnsodeɛ

trafik işareti

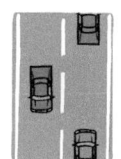

trafik

trafik

trafik akye

trafik sıkışıklığı

baabi a yɛde kaa esi

otopark

keteke gyinabea

tren ıstasyonu

keteke kwan

ray

keteke

tren

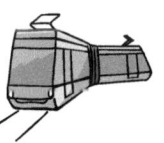

tram

tramvay

ponkɔ kaa

vagon

helikopta
helikopter

ewiemhyɛnbea
havaalanı

abansoro
kule

apasingyani
yolcu

tontowa
konteyner

adaka
koli

kaate
yük arabası

kɛntɛn
sepet

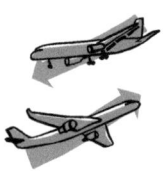

atu / asi fam
kalkış / iniş

kuro kɛseɛ

şehir

akurase
köy

kuro dwaberɛ mu
şehir merkezi

efie
ev

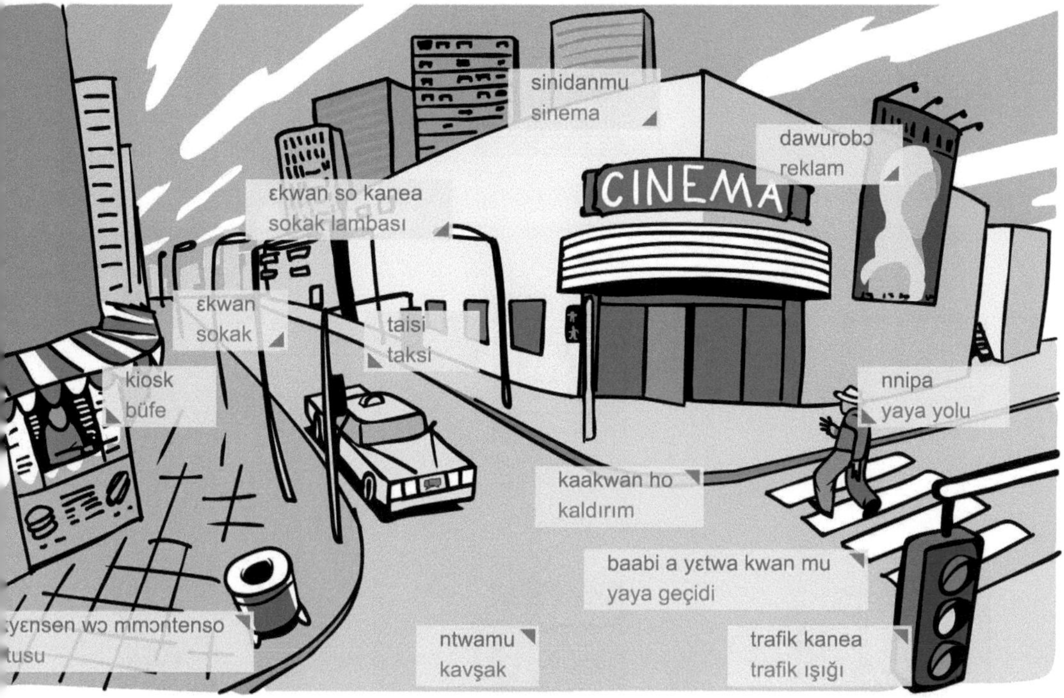

sinidanmu
sinema

dawurobɔ
reklam

ɛkwan so kanea
sokak lambası

ɛkwan
sokak

taisi
taksi

nnipa
yaya yolu

kiosk
büfe

kaakwan ho
kaldırım

baabi a yɛtwa kwan mu
yaya geçidi

yɛnsen wɔ mmɔntenso
tusu

ntwamu
kavşak

trafik kanea
trafik ışığı

apata

kulübe

efie

apartman dairesi

keteke gyinabea

tren istasyonu

adwaberɛm

belediye binası

bea a yɛ kora tete nneɛma

müze

sukuu

okul

suapɔn

üniversite

sikakrobea

banka

ayaresabea

hastane

ahɔhogyebea

otel

famasi

eczane

asoeɛ

ofis

sotɔɔ a wɔtɔn nwoma

kitapçı

sotɔɔ

mağaza

baabi yɛtɔn nhwiren

çiçekçi

sotɔɔpɔn

süpermarket

edwam

market

sotɔɔ kɛseɛ

büyük mağaza

baabi a yɛtɔn mpataa

balık satıcısı

dwadibea kɛseɛ

alışveriş merkezi

suhyɛn gyinabea

liman

baabi kaa gyina
park

bɛnkye
bank

ɛtwene
köprü

atwedeɛ
merdiven

asaase ase
metro

ɛbɔn
tünel

baabi a bɔs gyina
otobüs durağı

nsanombea
bar

adidibea
restoran

lɛta adaka
posta kutusu

ɛkwan so akwankyerɛ
sokak tabelası

baabi kaa gyina ho mita
otopark sayacı

zoo
hayvanat bahçesi

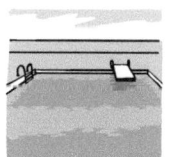

nsuo a yɛ dware mu
yüzme havuzu

nkramodan
cami

afuo

çiftlik

deɛ egu mmɔnten so fi

kirlilik

asieɛ

mezarlık

asɔre

kilise

agodibea

oyun alanı

asɔre dan

tapınak

mmɔnten so asiesie

arazi

ahaban
yaprak

sanbɔd
yön tabelası

kwan
yol

asaase a ɛsere wɔ so
çayır

boba
taş

dua
ağaç

ɔnantefoɔ
yürüyüşçü

asubɔnten
ırmak

ɛserɛ
çimen

nhwiren
çiçek

amenamu
vadi

bepɔ
tepe

tadeɛ
göl

kwaeɛ
orman

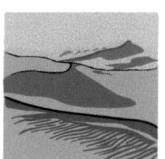

ɛserɛ so
çöl

egya a efrɪ botan mu
volkan

abankɛseɛ
kale

nyankontɔn
gökkuşağı

emere
mantar

abɛtene
palmiye

ntomntom
sivrisinek

tu
sinek

ntɛtea
karınca

wowa
arı

ananse
örümcek

amankuo

böcek

apɔnkyerɛni

kurbağa

opuro

sincap

apɛsɛ

kirpi

adanko

yabani tavşan

patuo

baykuş

anomaa

kuş

nsuo mu dabodabo

kuğu

kɔkɔte

yaban domuzu

adoa

geyik

ɔtweenini

geyik

dam

baraj

wind turbine afidie

rüzgar türbini

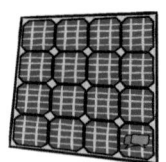

afidie a ɛkye awia

güneş paneli

wiem nsakraeɛ

iklim

adidibea
restoran

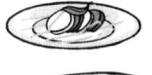

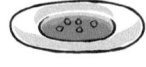

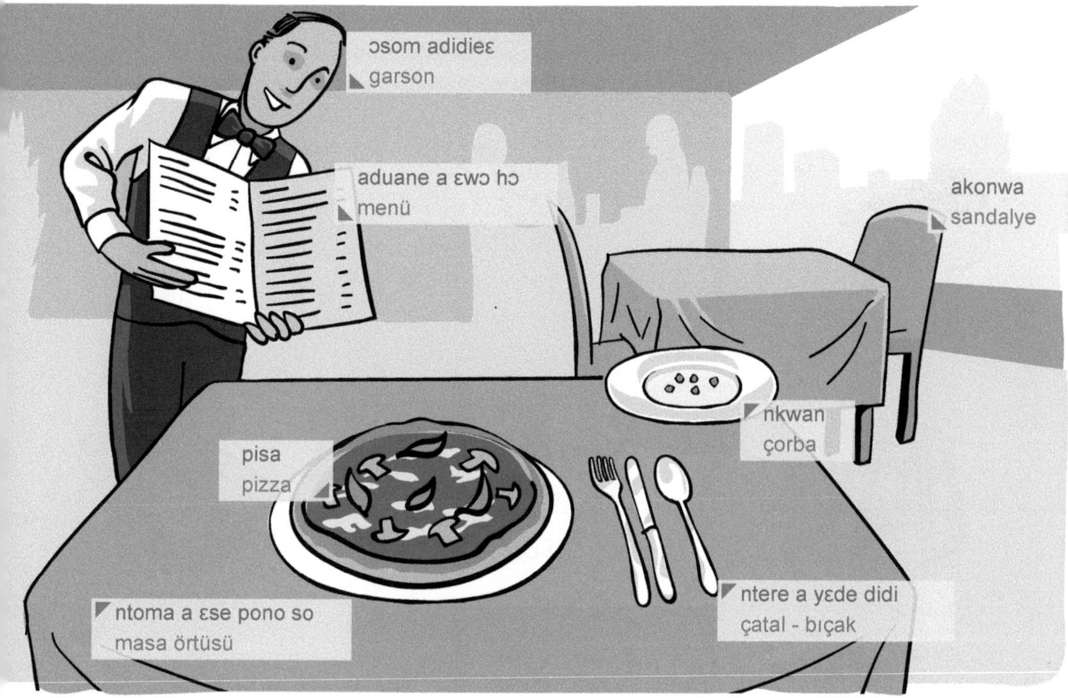
ɔsom adidieɛ
garson
aduane a ɛwɔ hɔ
menü
akonwa
sandalye
nkwan
çorba
pisa
pizza
ntoma a ɛse pono so
masa örtüsü
ntere a yɛde didi
çatal - bıçak

mprampra anom
başlangıç

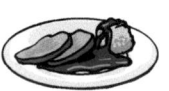

aduane no ankasa
ana yemek

mpa anom
tatlı

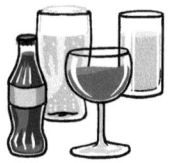

nsa
içecekler

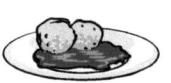

aduane
yemek

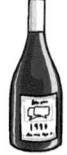

toa
şişe

aduane hyewhyew

fastfood

abɔnten so aduane

sokak yemeği

tii kukuo

çaydanlık

asikyire konko

şekerlik

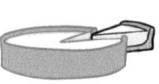

wo kyɛfa

porsiyon

espresso afidie

espresso makinesi

akonwa tenten

mama sandalyesi

wo ka

fatura

apanpan

tepsi

sekan

bıçak

adinam

çatal

atere

kaşık

atere ketewa

çay kaşığı

napkin a yɛde pepa ano

servis peçetesi

glase

bardak

prɛte

tabak

kwan kyɛnsee

çorba kasesi

prɛte ketewa

fincan altlığı

abomu

sos

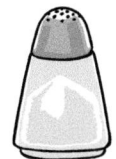

nkyene kukuo

tuzluk

yɛde yam mako

karabiber değirmeni

fenega

sirke

anwa

yağ

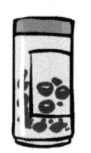

aduhwam

baharat

kɛkyɔp

ketçap

mustad

hardal

mayones

mayonez

sotɔɔpɔn

süpermarket

ntesoɔ soronko
özel teklif
FOR
adetɔfoɔ
müşteri
nanatwie nufusuo
süt ürünleri
aduaba
meyve
hwiili
alışveriş arabası

BUTCHERS

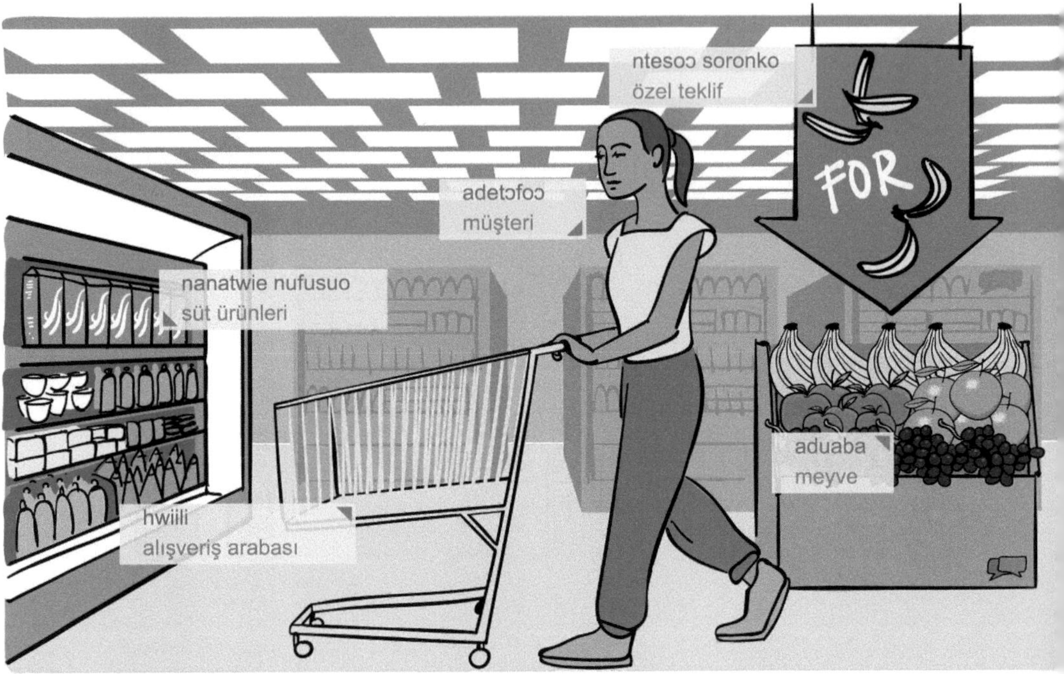

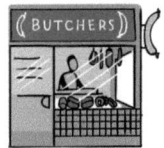

baabi a yɛtɔn nam

kasap

BAKERY

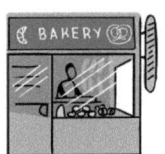

baabi a yɛtɔn paano

fırın

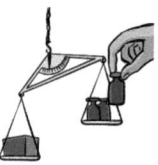

susu

tartmak

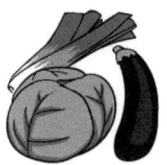

atosodeɛ

sebze

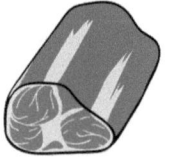

nam

et

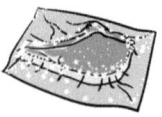

frigyemu aduane

donmuş gıda

nam a adwɔɔ

söğüş et

kyɛnsee mu aduane

konserve yiyecek

paoda samena

toz deterjan

adedɔkɔdɔkɔ

şekerlemeler

efie nneɛma

ev temizlik ürünleri

adetɔneɛ a yɛde pepa fin

temizlik ürünleri

nnipa a ɔtɔn adeɛ

satış görevlisi

afidie a egye sika

yazar kasa

ɔgyegye sika

kasiyer

krataa a wɔdi reko di dwa

alışveriş listesi

berɛ a wɔde bua

açılış saatleri

sikabotɔ

cüzdan

kaade a yɛde yi sika

kredi kartı

baage

çanta

rɔba baage

plastik poşet

nsuo

su

aduaba mu nsuo

meyve suyu

nufusuo

süt

kok

kola

wain nsa

şarap

biya

bira

mmorosa

alkol

kokoo

kakao

tii

çay

kofe

kahve

espresso

espresso

kapukyino

kapuçino

kwadu

muz

apol

elma

ankaa

portakal

melon

kavun

akutɔɔ

limon

karɔt

havuç

garlik

sarımsak

pampro

bambu

gyeene

soğan

mmere

mantar

nkateɛ

çerez

talia

makarna

spageti

spagetti

ɛmo

pirinç

salad

salata

kyipis

cips

abrɔdwomaa a y'akye

patates kızartması

pisa

pizza

hambɔga

hamburger

sanwekye

sandviç

nam a dompe nnim

şinitzel

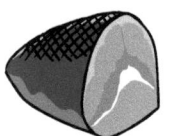

preko nam

pastırma

nam a y'ahata

salam

sɔsege

sosis

akokɔ

tavuk

toto

rosto

apataa

balık

oosu koko

yulaf ezmesi

muesli

müsli

konflese

mısır gevreği

esam

un

krossant

kruvasan

paano a y'abobɔ

küçük ekmek

paano

ekmek

paano a y'atoto

tost

biskete

bisküvi

bɔta

tereyağı

nufusuo a ada

kaymak

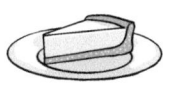

keeke

kek

kosua

yumurta

kosua a y'akyeɛ

sahanda yumurta

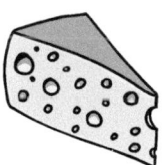

kyiis

peynir

asskrim

dondurma

asikyire

şeker

ɛwɔɔ

bal

gyaam

reçel

kyokolete

fındık ezmesi

kɔri

köri

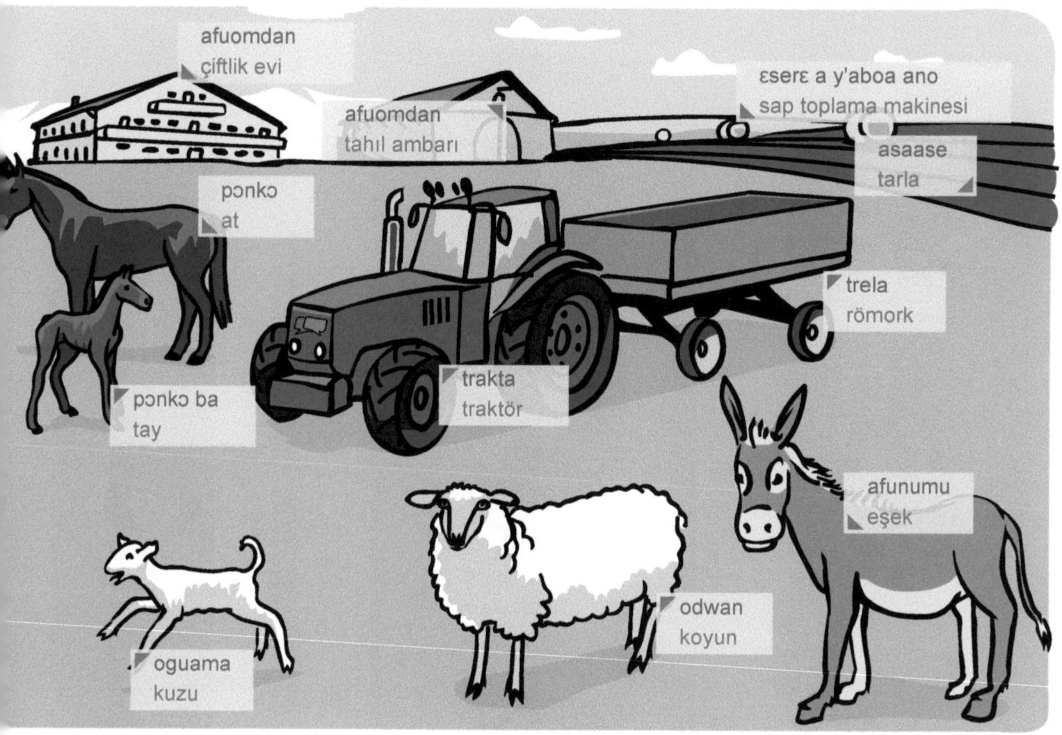

afuomdan
çiftlik evi

afuomdan
tahıl ambarı

εserε a y'aboa ano
sap toplama makinesi

asaase
tarla

pɔnkɔ
at

trela
römork

trakta
traktör

pɔnkɔ ba
tay

afunumu
eşek

odwan
koyun

oguama
kuzu

apɔnkye

keçi

nantwie

inek

nantwie ba

buzağı

prεko

domuz

prεko ba

domuz yavrusu

nantwinini

boğa

dabodabo nua

kaz

dabodabo

ördek

akokɔba

civciv

akokɔbedeɛ

tavuk

akokɔnini

horoz

kusie

sıçan

ɔkra

kedi

akura

fare

nantwinini

öküz

kraman

köpek

kraman buo

köpek kulübesi

afuom drobɛn

bahçe hortumu

tontora a yɛde gu nsuo

sulama kabı

sekan a yɛde twa aburo

tırpan

funtum dadeɛ

pulluk

kɔntɔnkrɔ
orak

asɔ
çapa

afuom adinam
dirgen

akuma
balta

hweebaro
el arabası

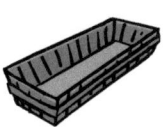

adidika
yemlik

nufusuo konko
süt kovası

botɔ
çuval

ɛban
çit

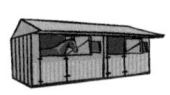

pɔnkɔ dan
ahır

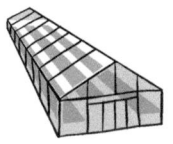

ɩɩtomadan a yɛyɛ mu afuo
sera

anwea
toprak

aba
tohum

ɔyɛ asaaseyie
gübre

otwaberɛ trakta
biçerdöver

twa

hasat etmek

otwaberɛ

harman

bayerɛ

tatlı patates

ayuo

buğday

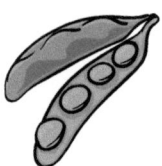

soya

soya

abrɔdwomaa

patates

aburo

mısır

repu aba

kolza

dua a ɛso aba

meyve ağacı

bankye

manyok

aburo asefɔɔ

hububat

nwusie kyiniieɛ / baca

mmɔsoɔ / çatı

paipo a nsuo fa mu / yağmur oluğu

mpoma / pencere

garage / garaj

ɛpono ho adɔma / kapı zili

ɛpono / kapı

bɔɔla kyɛnsen / çöp kutusu

lɛta adaka / posta kutusu

afuoketewa / bahçe

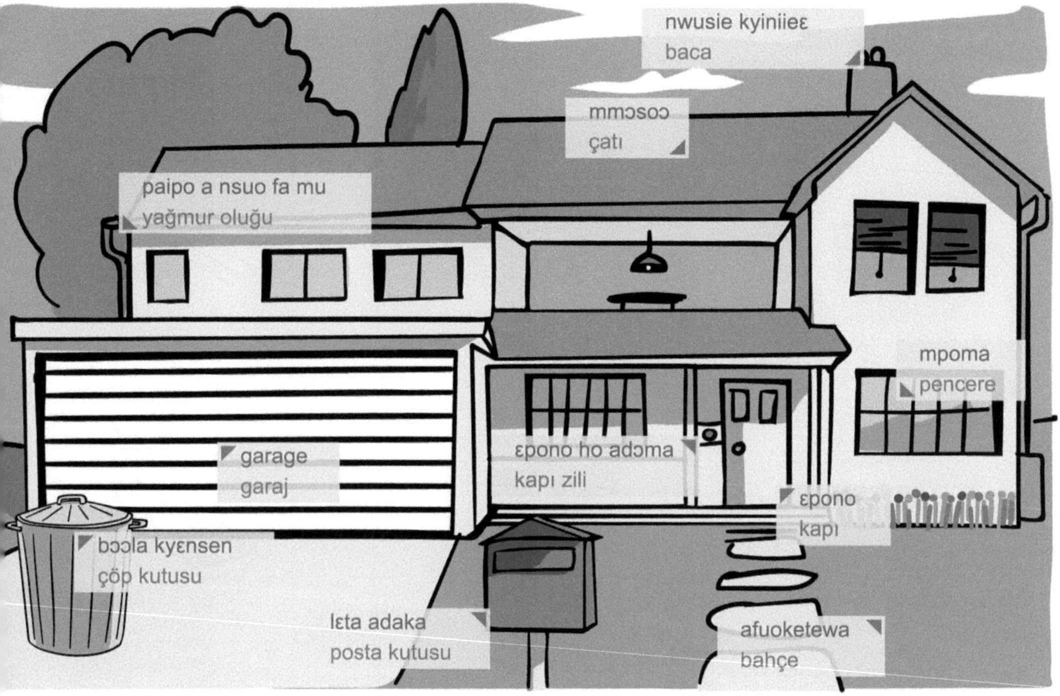

asaso

oturma odası

adwareɛ

banyo

mukaase

mutfak

pie mu

yatak odası

nkwadaa dan mu

çocuk odası

dan a yɛdidi mu

yemek odası

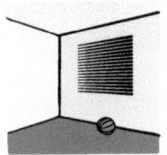

εfam

zemin

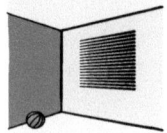

εban

duvar

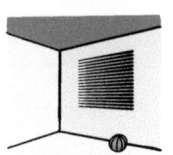

abruuso

tavan

danbloo

kiler

adwereɛ a ɛbɔ ɔhyew

sauna

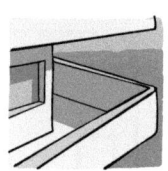

abranaa

balkon

abranaaso

teras

nsuo a yɛdware mu

havuz

afidie a yɛde dɔ

çim biçme makinesi

nsɛfam

çarşaf

ntoma a ɛse kɛtɛ so

yatak örtüsü

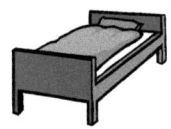

mpa

yatak

prayɛ

süpürge

bokiti

kova

dane

anahtar

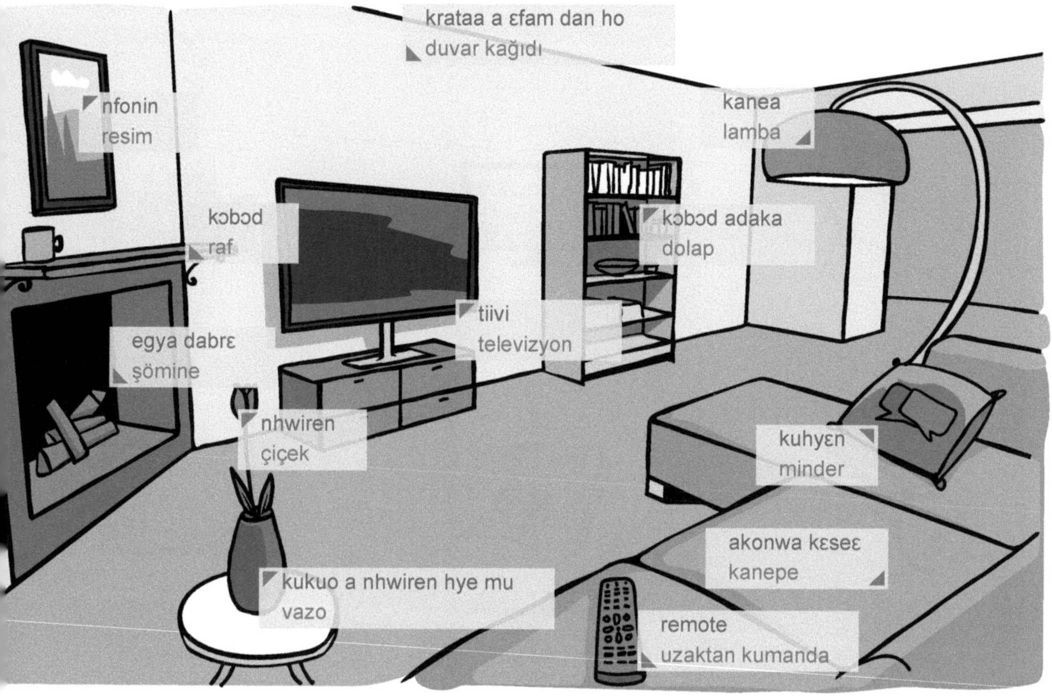

krataa a ɛfam dan ho
duvar kağıdı

nfonin
resim

kanea
lamba

kɔbɔd
raf

kɔbɔd adaka
dolap

egya dabrɛ
şömine

tiivi
televizyon

nhwiren
çiçek

kuhyɛn
minder

kukuo a nhwiren hye mu
vazo

akonwa kɛseɛ
kanepe

remote
uzaktan kumanda

kapɛte
halı

ntwaa dan mu
perde

ɛpono
masa

akonwa
sandalye

akonwa a ehinhim
salıncaklı koltuk

akonwa a yɛgyegye dan
koltuk

nwoma

kitap

kuntu

battaniye

dan mu nsiesie

dekor

egya

odun

sini

film

wailɛs

hi-fi

safoa

anahtar

koowaa krataa

gazete

nfonin a y'adwi

tablo

nfam danho

poster

radio

radyo

krataa a yɛ twere mu

defter

afidie a ɛprapra

elektrikli süpürge

kaktus

kaktüs

kyɛnere

mum

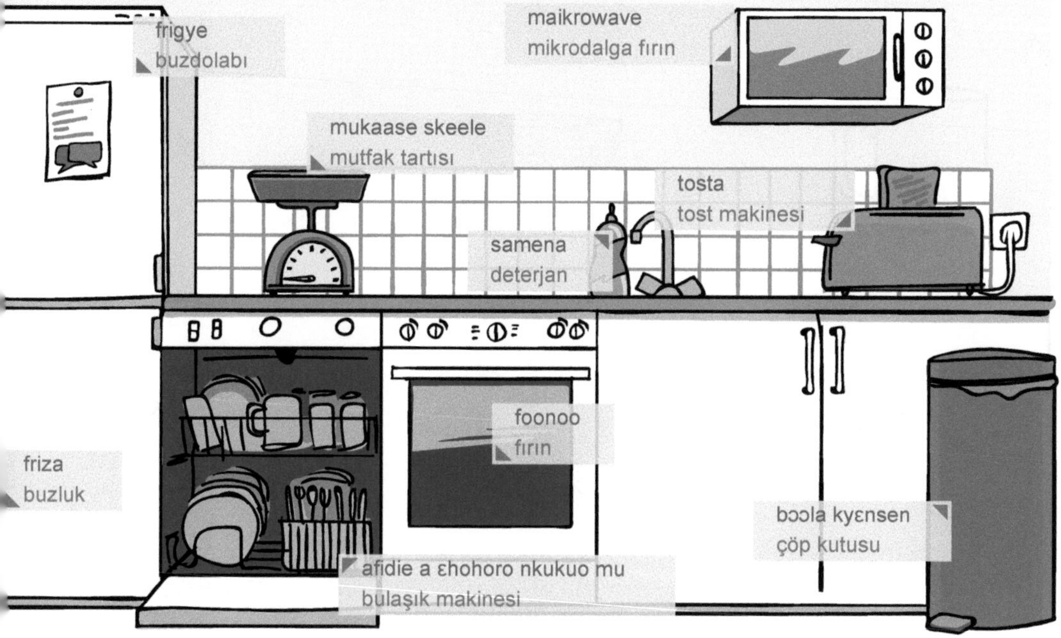

frigye
buzdolabı

maikrowave
mikrodalga fırın

mukaase skeele
mutfak tartısı

tosta
tost makinesi

samena
deterjan

foonoo
fırın

friza
buzluk

bɔɔla kyɛnsen
çöp kutusu

afidie a ɛhohoro nkukuo mu
bulaşık makinesi

abɛɛfo bukyea

ocak

kokuo

tencere

dadesɛn

döküm tencere

wok / kadai

wok

kyɛnsee

tava

nsuo hyeɛ afidie

su ısıtıcı

stiima

buharlı pişirici

apa a yɛ to so adeɛ

pişirme tepsisi

prɛte, kuruwa, ntere ne nea
ɛkeka ho

tabak takımı

kuruwa a etumi bɔ

kupa

kyɛnsee

kase

nnua a yɛde didi

çubuk (çin yemeği)

kwantre

kepçe

dua atere

spatula

yɛde nu adeɛ mu

çırpma teli

sɔneɛ

süzgeç

fefe

elek

greta

rende

waduro

havan

kyinkyinga

barbekü

bukyea

açık ateş

ɛpono a yɛ twitwaso adeɛ
....
kesme tahtası

ɛta
....
merdane

deɛ yɛtu nsa so
....
tirbüşon

konko
....
konserve kutusu

deɛ yɛde bue konko so
....
konserve açacağı

yɛde sɔ kukuo mu
....
fırın eldiveni

sink
....
evye

brɔhye
....
fırça

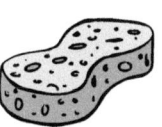

sapɔ
....
sünger

aduane yam fidie
....
blender

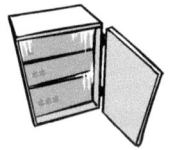

friza nini
....
derin dondurucu

toa a abɔdoma nom ano
....
bıberon

paipo
....
musluk

adwareɛ

banyo

ɔhyewbɔ
ısıtma
bɔɔloba
havlu
hyawa
duş
ntoma etwa hyawa mu
duş perdesi
ahuro a yɛdware mu
köpük banyosu
pan a yɛdware mu
küvet
glase
bardak
afidie a esi nnɛma
çamaşır makinesi
paipo
musluk
tiailse
fayans
kuraba
lazımlık
sink
evye

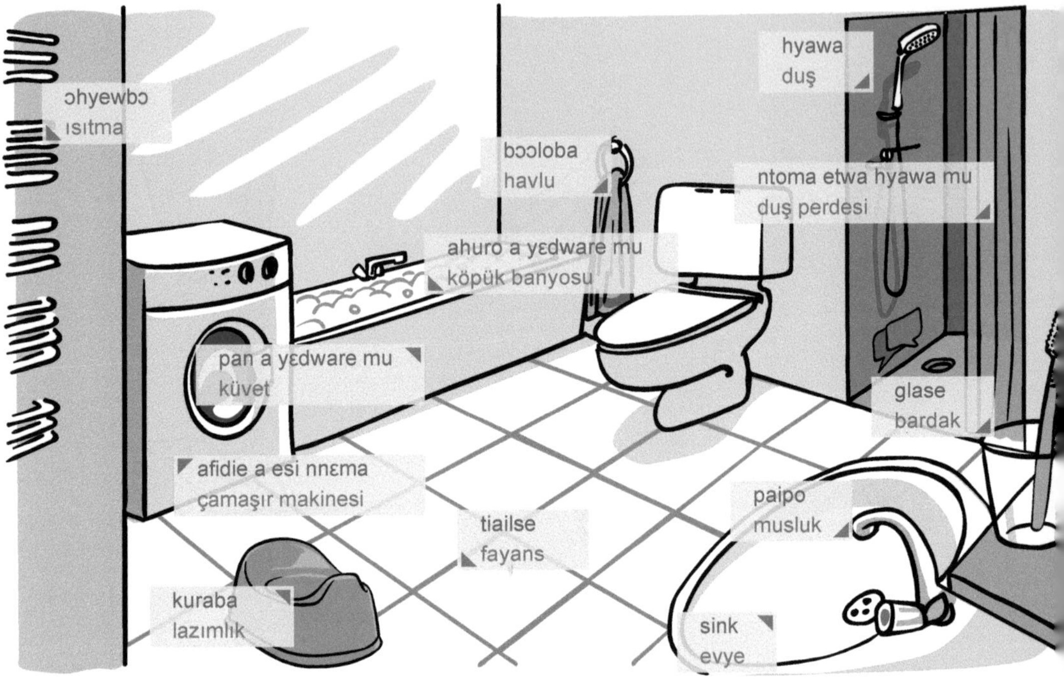

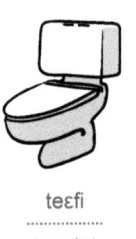

teɛfi
tuvalet

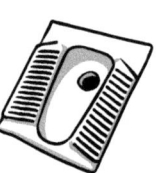

teɛfi a yɛ koto so
alaturka tuvalet

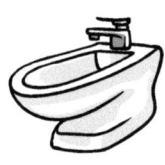

bidet teɛfi
bide

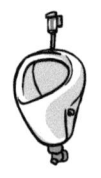

dwonsɔ dan
pisuvar

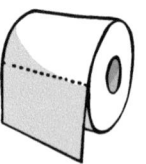

teɛfi so krataa
tuvalet kağıdı

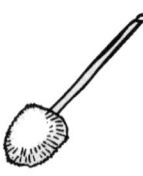

teɛfi so brɔhye
tuvalet fırçası

brɔhye a yɛde twitwiri see

diş fırçası

aduro a yɛde twitwiri see

diş macunu

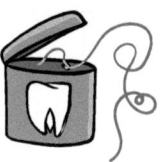

yɛde yiyi ɛsee mu

diş ipi

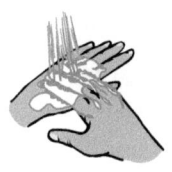

si

yıkamak

hyawa a yɛsɔ mu

duş başlığı

paipo a yɛde hohoro ananmu

duş başlığı şeklinde taharet musluğu

bokiti

küvet

brɔhye a wode dware w'akyi

banyo fırçası

samena

sabun

hyawa samena

duş jeli

nsuo samena

şampuan

flanɛl ntoma

banyo lifi

baabi a nsu fa pue

gider

nku

krem

yɛde fefa amotoamu

deodorant

ahwehwɛ

ayna

ahwehwɛ a yɛsɔ mu

el aynası

bled

jilet

ahuro a yɛde yi nwi

tıraş köpüğü

aduro a yɛde fefa baabi a
wo ayi nwi

tıraş losyonu

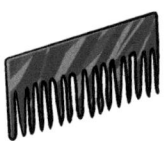

afen

tarak

brɔhye

fırça

afidie a ɛwo nwi

saç kurutma makinesi

enwi sopre

saç spreyi

pɔns

makyaj

lipstike

ruj

penti a yɛde mɔreɛ so

tırnak cilası

asaawa

pamuk

apasoɔ a etwa mmɔreɛ

tırnak makası

aduhwam

parfüm

adwareɛ baage
makyaj çantası

edwa
tabure

skele
tartı

adwereɛ ataadeɛ
bornoz

rɔba a yɛde hyɛ nsa ho
lastik eldiven

tampon
tampon

abɛɛfo amonsen
kadın pedi

teɛfi a aduro gum
kimyevi tuvalet

nkwadaa dan mu

çocuk odası

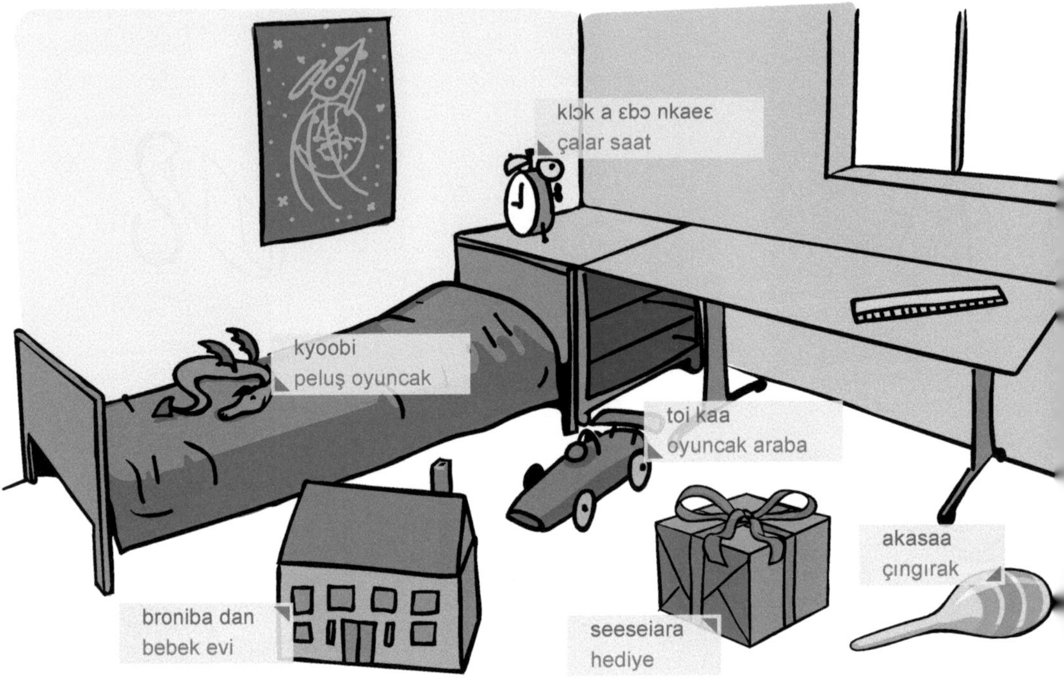

klɔk a ɛbɔ nkaeɛ
çalar saat
kyoobi
peluş oyuncak
toi kaa
oyuncak araba
akasaa
çıngırak
broniba dan
bebek evi
seeseiara
hediye

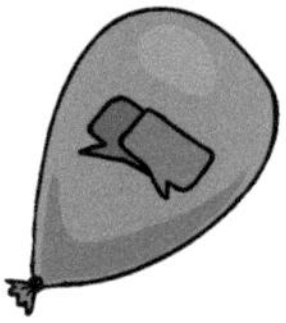

baaluu

balon

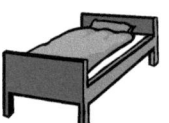

mpa

yatak

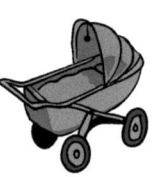

nkwadaa kaa

bebek arabası

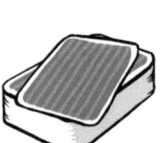

sopaa

kart destesi

gyiksɔɔ

yapboz

SUPER MEGA

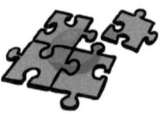

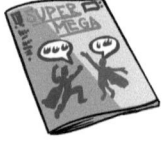

nsɛnkwa

çizgi roman

lego blɔg

lego tuğlaları

blɔg a yɛde si dan

lego blokları

nnipa ɔbɔhye

aksiyon figürü

abɔdoma ataadeɛ

zıbın

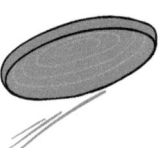

frisbee

frizbi

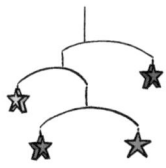

mobail

dönence

ponoso agodie

masa oyunu

daahye

zar

nkwadaa keteke

model tren seti

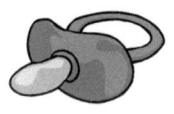

koliko

emzik

apontoɔ

parti

nfonin nwoma

resimli kitap

bɔɔlo

top

broniba

oyuncak bebek

di agorɔ

oynamak

anwea adaka

kum havuzu

adonko

salıncak

tois

oyuncaklar

video agodie apaawa

video oyun konsolu

sakre a ne nan mɛɛnsa

üç tekerlekli bisiklet

kyoobi

oyuncak ayı

wɔdropo

gardırop

sɔks

çorap

stokens

külotlu çorap

sekentait

tayt

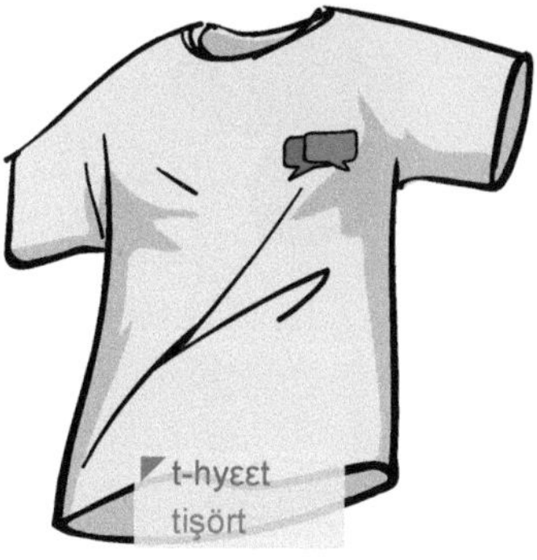

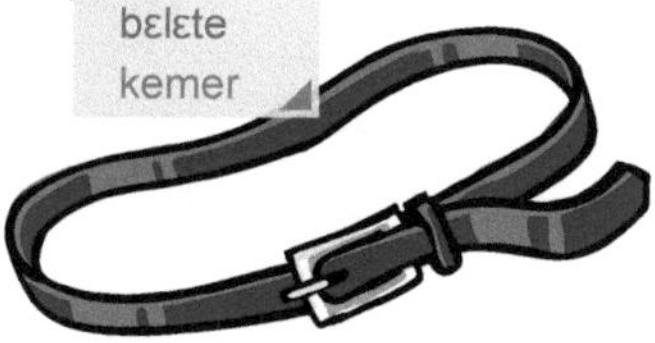

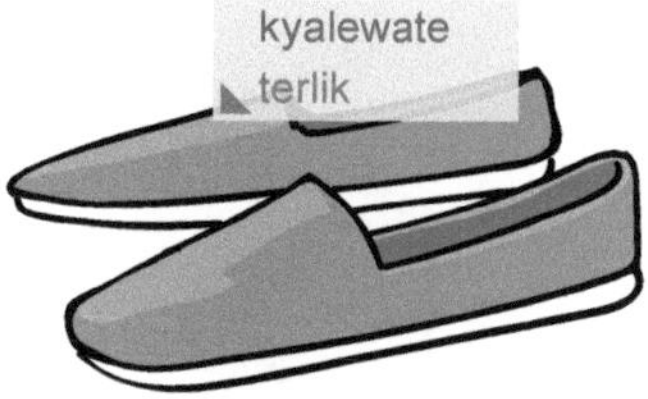

duku
eşarp

kyiniɛ
şemsiye

bɛlɛte
kemer

t-hyɛɛt
tişört

mpaboa
bot

kyalewate
terlik

kamboo
spor ayakkabı

asopatre

sandalet

mpoboa

ayakkabı

rɔba mpaboa

lastik çizme

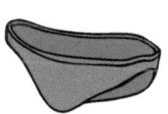

ɛtam

külot

bra

sütyen

ɜinglɛte

yelek

nipadua

dar bluz

trɔsa

pantolon

gyins

kot pantolon

sekɛɛt

etek

ɛsoro ataadeɛ

bluz

hyɛɛte

gömlek

nkatoho a ɛko awɔ

kazak

hoodie

süveter

koot

blazer

nkatasoɔ

ceket

nkatasoɔ

mont

nsutɔ mu nkataho

yağmurluk

dwumadie bi ho ataadeɛ

kostüm

mmaa atadeɛ

elbise

ayefrɔ ataadeɛ

gelinlik

kootu

takım elbise

mmaa ataadɛɛ a yɛde da

gecelik

pigyamas ataadeɛ

pijama

sari

sari

duku

baş örtüsü

abotire

türban

burka

burka

kaftan

kaftan

nkramofoɔ mmaa atadeɛ

çarşaf

aadeɛ a yɛde dware nsuo

mayo

asenemu ataadeɛ

erkek mayosu

nika

şort

agokansie ntaadeɛ

eşofman

akatasoɔ

önlük

nsa nkataho

eldiven

botom

düğme

sopɛɛse

gözlük

ahwneɛ

bilezik

komadeɛ

kolye

kawa

yüzük

asomadeɛ

küpe

ɛkyɛ

kep

yɛde koot sɛn so

portmanto

ɛkyɛ

şapka

abɔmene mu

kravat

zip

fermuar

ɛkyɛ denden

kask

bresis

pantolon askısı

sukuu ataadeɛ

okul forması

adwuma ataadeɛ

üniforma

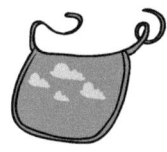

mmɔfra bib

mama önlüğü

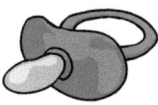

koliko

emzik

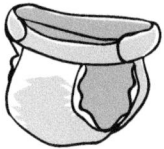

nkwadaa napken

bebek bezi

asoeɛ

ofis

sɛɛva
sunucu
kabenɛt
dosya dolabı
krataa
kağıt
printa
yazıcı
monita
monitör
ɛpono a yɛyɛ so adwuma
masa
Maws
fare
nhyemu
klasör
ntwerɛeɛ pono
klavye
a yɛde krataa nwura gu mu
öp kutusu
akonwa
sandalye
komputa
bilgisayar

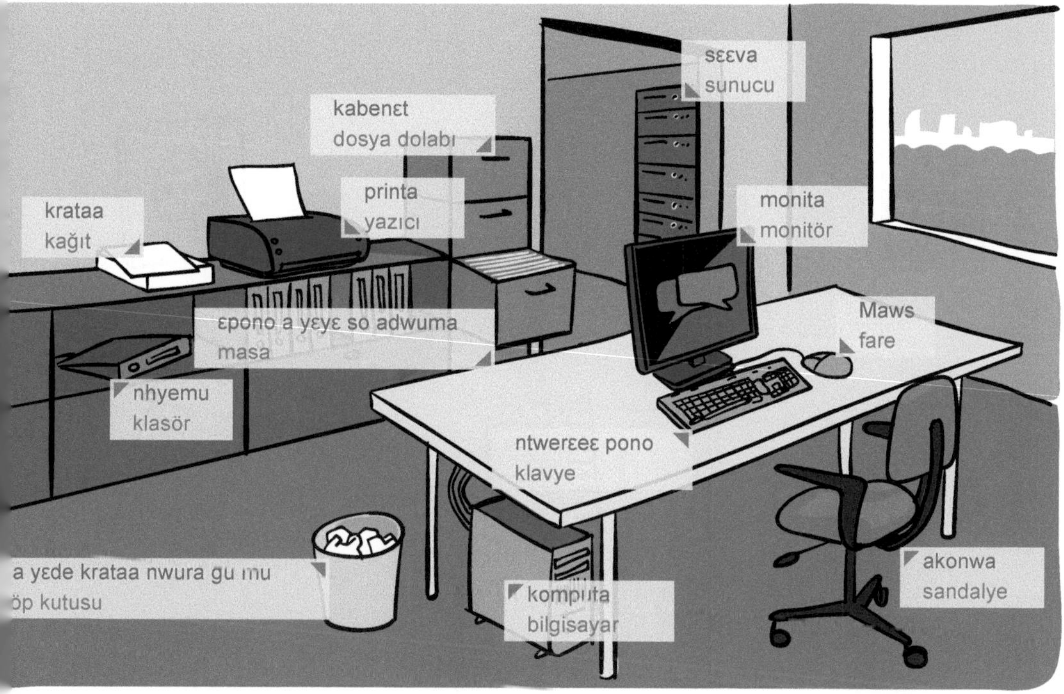

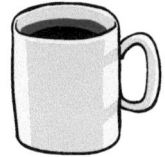

kɔfe kuruwa

kahve fincanı

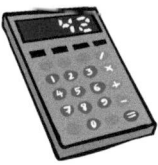

akontabuo fidie

hesap makinesi

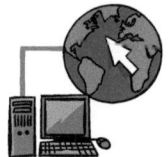

intanɛt

internet

laptop

dizüstü

lɛta

mektup

nkratoɔ

mesaj

mobail kasafidie

cep telefonu

nɛtwɛke

ağ

fotokɔpi

fotokopi makinesi

softwɛɛ

yazılım

tetefon

telefon

sɔkɛt

priz

faks afidie

faks makinesi

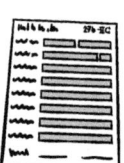

katraa

form

nkrataa

belge

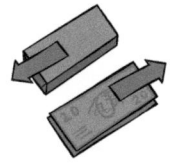

tɔ

satın almak

tua

ödemek

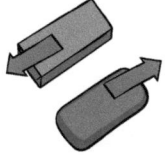

di dwa

ticaret yapmak

sika

para

 USD

dollar

dolar

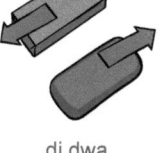 EUR

euro

avro

JPY

yen

yen

RUB

rubel

ruble

CHF

Swiss franks

İsviçre frangı

CNY

renminbi yuan

Çin yuanı

INR

rupii

rupi

baabi yɛtua sika

kasa

baabi a yɛ sesa sika

döviz bürosu

sika kɔkɔɔ

altın

dwetɛ

gümüş

now

petrol

ahɔɔden

enerji

ne bɔɔ

fiyat

kontragye

kontrat

ɛtoɔ

vergi

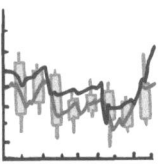

stɔk

menkul değer

adwuma

çalışmak

adwumayɛni

işveren

adwumawura

işçi

mfididwuma mu

fabrika

sotɔɔ

mağaza

nwuma ahodoɔ

meslekler

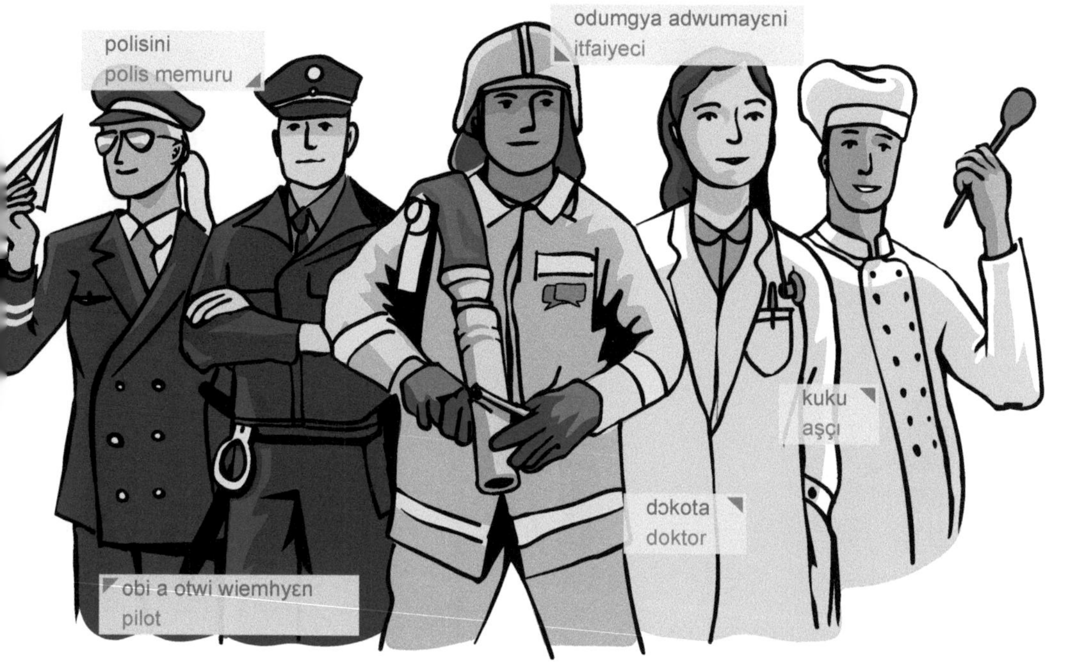

polisini
polis memuru
odumgya adwumayɛni
itfaiyeci
kuku
aşçı
dɔkota
doktor
obi a otwi wiemhyɛn
pilot

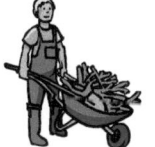

ɔyɛ afuo

bahçıvan

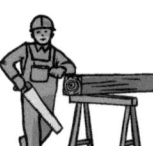

dua dwomfoɔ

marangoz

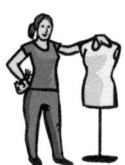

adepani baa

terzi

atɛnmuafoɔ

hakim

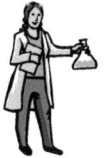

ɔtɔn nnuro

kimyager

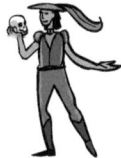

sini yɛfoɔ

aktör

bɔs drɔba
otobüs şoförü

taisi drɔba
taksi şoförü

ɔpofoɔ
balıkçı

ɔbaa a osiesie fie
temizlikçi

ɔbɔdanso
çatı ustası

ɔsom adidieɛ
garson

bɔmɔfoɔ
avcı

penta
boyacı

ɔto paano
fırıncı

ɔyɛ nkaneɛ ho adwuma
elektrikçi

ɔdansifoɔ
inşaatçı

inginia
mühendis

ɔdwa nam
kasap

plɔmba
muslukçu

krataa manefoɔ
postacı

sogyani

asker

ɔdwi adan

mimar

ɔgyegye sika

kasiyer

ɔtɔn nhwiren

çiçekçi

ɔyɛ tire

kuaför

meeti

kondüktör

fitani

tamirci

nnipa a otwi suhyɛn

kaptan

ɛsee dɔkota

dişçi

abɔdeɛ mu nimdefoɔ

bilim insanı

rabi

haham

kramo panin

ımam

ɔsɔfo

keşiş

osɔfo

rahip

anwenade
aletler

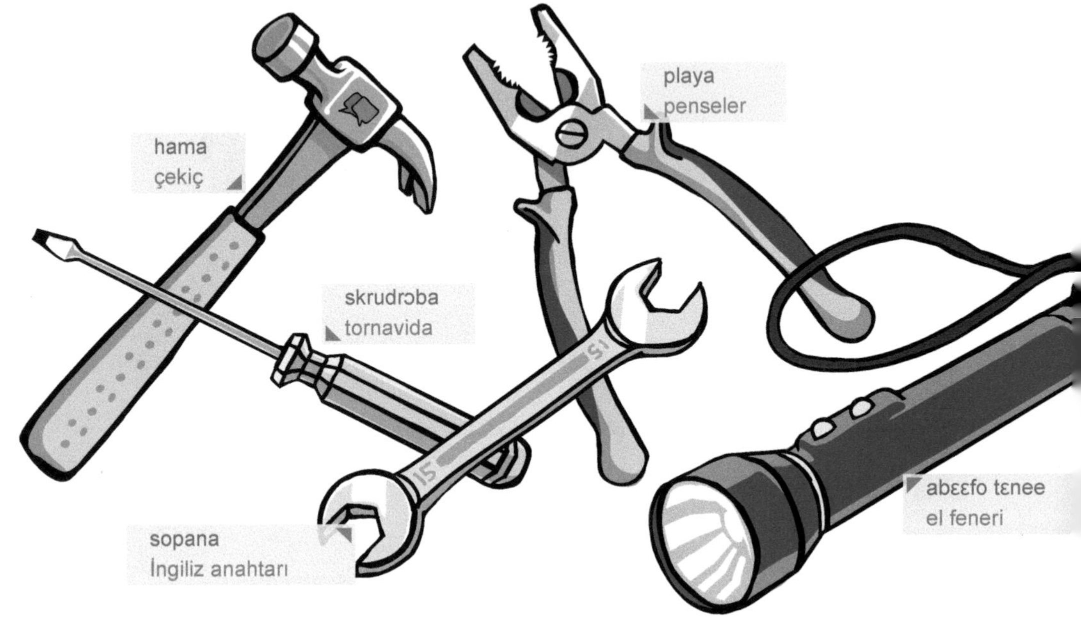

hama
çekiç

playa
penseler

skrudrɔba
tornavida

sopana
İngiliz anahtarı

abɛɛfo tɛnee
el feneri

otu amena

kazı makinesi

anwenade adaka

alet çantası

atwedeɛ

merdiven

asradaa

testere

nnadewa

çiviler

afidie a yɛde bɔne tokro

matkap

siesie

tamir etmek

sofi

kürek

Ebei!

Kahretsin!

asanwura

faraş

penti kukuo

boya tenekesi

skruu

vidalar

nnɛɛma a yɛde bɔ nwom
müzik enstrümanı

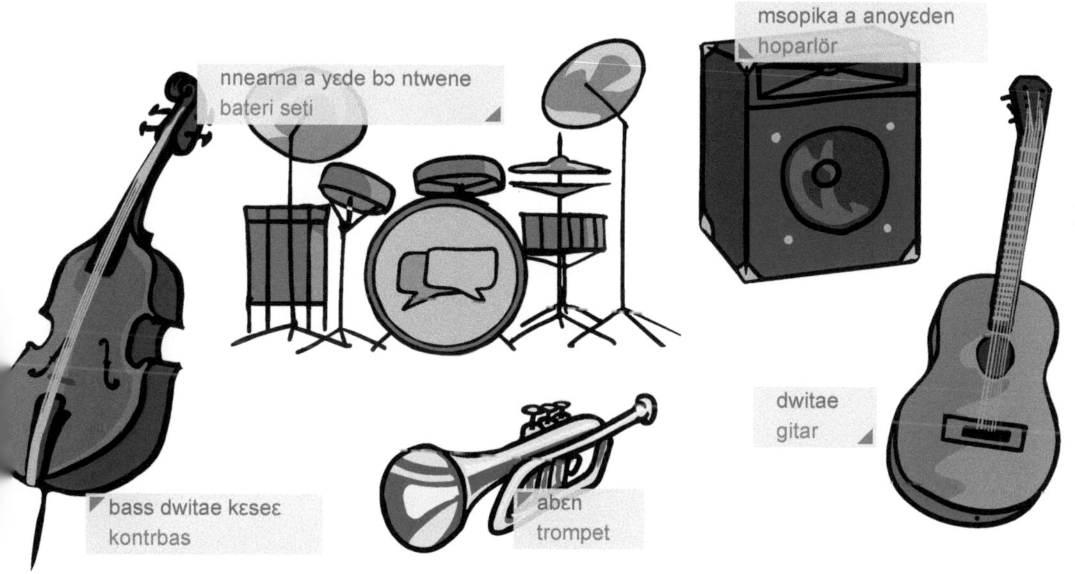

msopika a anoyɛden
hoparlör

nneama a yɛde bɔ ntwene
bateri seti

dwitae
gitar

bass dwitae kɛseɛ
kontrbas

abɛn
trompet

sankuo

piyano

ahoma sankuo

keman

bass dwitae

basgitar

atumpan

timpani

ntwene

bateri

ntwerɛeɛ apa

klavye

saksofon

saksafon

atentenbɛn

flüt

maikrofon

mikrofon

zoo

hayvanat bahçesi

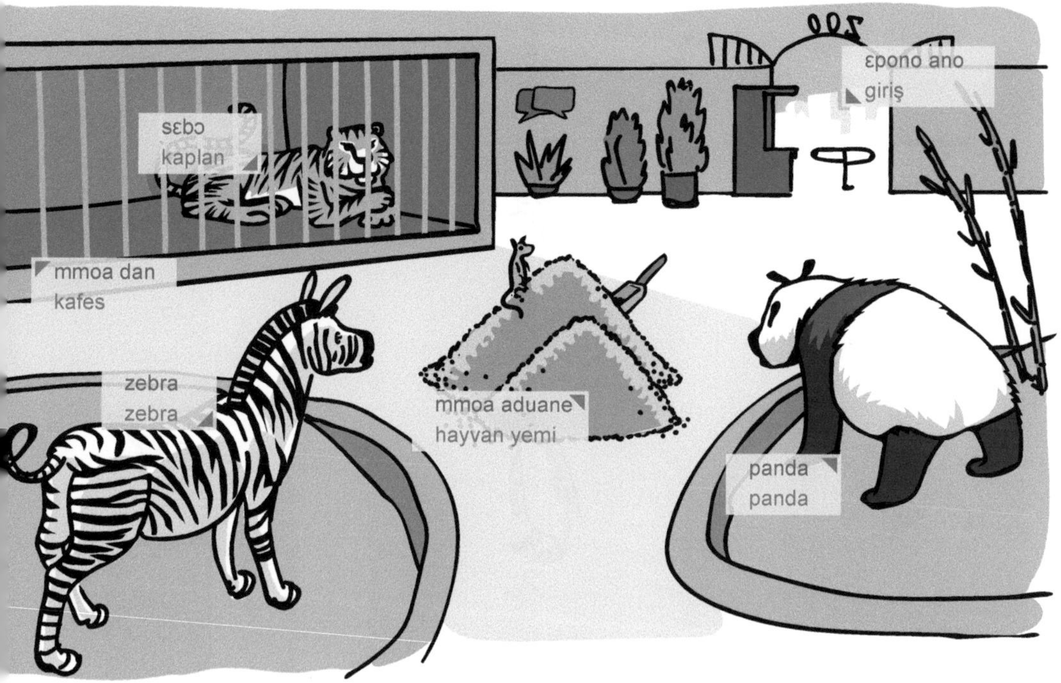

ɛpono ano
giriş
sɛbɔ
kaplan
mmoa dan
kafes
zebra
zebra
mmoa aduane
hayvan yemi
panda
panda

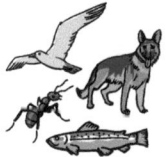

mmoa

hayvanlar

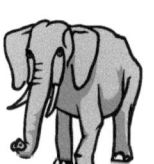

ɔsono

fil

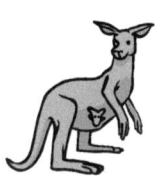

kangaru

kanguru

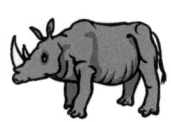

raino

gergedan

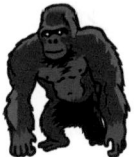

akatea

goril

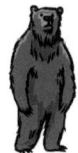

sisire

ayı

afunupɔnkɔ

deve

sohori

deve kuşu

gyata

aslan

adwee

maymun

flamingo

flamingo

ako

papağan

awɔ mu sisire

kutup ayısı

penguin

penguen

oboodede

köpek balığı

akɔkonini abankwa

tavus kuşu

ɔwɔ

yılan

dɛnkyɛm

timsah

nnipa ɛhwɛ zoo so

hayvanat bahçesi görevlisi

nsuo mu gyata

fok

sebɔ

jaguar

pɔnkɔ ba
midilli atı

etwie
leopar

susuono
su aygırı

kɔntenten
zürafa

ɔkɔdeɛ
kartal

kɔkɔte
yaban domuzu

apataa
balık

sudandan
kaplumbağa

walrus
mors

sakraman
tilki

ɔtwee
ceylan

Amerikafɔɔ futbɔɔlo
amerikan futbolu

skre twie
bisiklete binme

tennis
tenis

basketbɔɔlo
basketbol

nsuom adwareɛ
yüzme

asukɔkyea so hɔki
buz hokeyi

akutruku
boks

futbɔl	badmintin	mirikatuo
futbol	badminton	atletizm
bɔɔlo a yɛde nsa bɔ	skii	polo
hentbol	kayak	polo

sere
gülmek

huri
atlamak

bam
sarılmak

nante
yürümek

to dwom
söylemek

so daeɛ
hayal etmek

bɔ mpaeɛ
dua etmek

fe ano
öpmek

twerɛ	dwi	kyerɛ
yazmak	çizmek	göstermek
pia	ma	fa
itmek	vermek	almak

nya

sahip olmak

yɛ

yapmak

yɛ

olmak

gyina

ayakta durmak

tu mirika

koşmak

twe

çekmek

to

atmak

tɔ fam

düşmek

da hɔ

yalan söylemek

twɛn

beklemek

soa

taşımak

tenase

oturmak

hyɛ ataadeɛ

giyinmek

da

uyumak

nyane

uyanmak

hwɛ

bakmak

su

ağlamak

san ho

vurmak

nunum

taramak

kasa

konuşmak

te aseɛ

anlamak

bisa

sormak

tie

dinlemek

nom

içmek

didi

yemek

yɛ nsiesie

düzenlemek

ɔdɔ

sevmek

noa

pişirmek

twi

sürmek

tu

uçmak

fa nsuo so

denize açılmak

sese

hesapla

kenkan

okumak

sua

öğrenmek

adwuma

çalışmak

ware

evlenmek

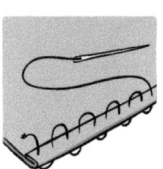

pam

dikmek

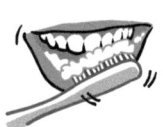

twitwiri wo se

diş fırçalamak

kum

öldürmek

nom gyɔt

sigara içmek

mane

yollamak

abusua
aile

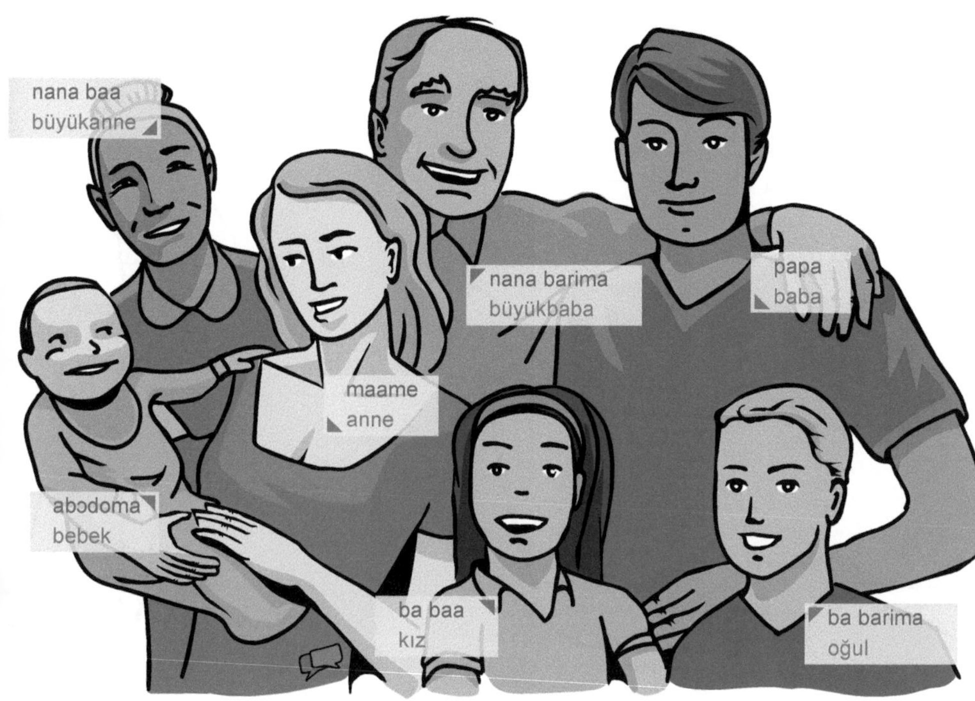
nana baa
büyükanne
nana barima
büyükbaba
papa
baba
maame
anne
abɔdoma
bebek
ba baa
kız
ba barima
oğul

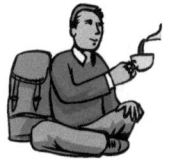

ɔhɔhoɔ

misafir

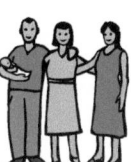

sewaa

teyze

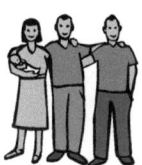

wɔfa

amca

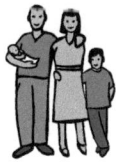

nua barima

erkek kardeş

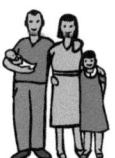

nua baa

kız kardeş

nipadua

vücut

moma
alın
ani
göz
abɛtire
omuz
nsatea
parmak
anim
yüz
apantan
çene
nsa
el
ɛnan
bacak
nufoɔ
göğüs
nsa
kol

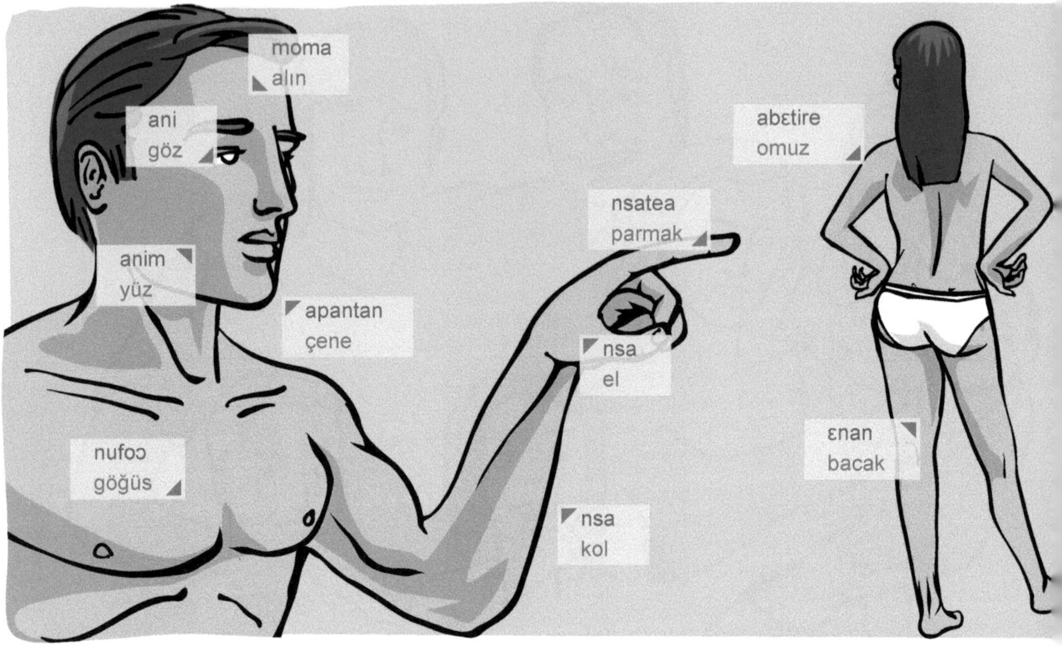

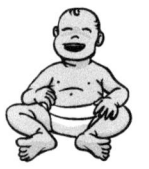

abɔdoma

bebek

barima

adam

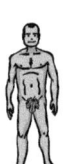

ɔbaa

kadın

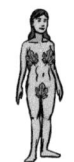

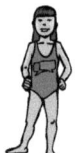

abayewa

kız

abarimawa

erkek çocuk

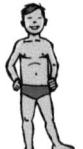

etire

baş

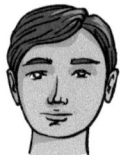

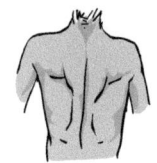

akyi

sırt

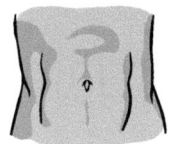

afro

karın

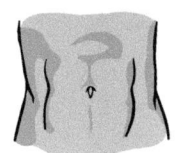

fruma

göbek

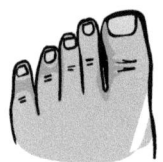

nansoa

ayak parmağı

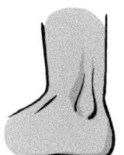

nantini

topuk

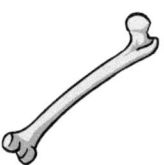

dompe

kemik

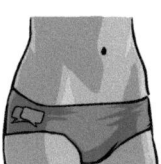

ataasɔ

kalça

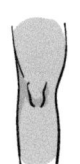

kotodwe

diz

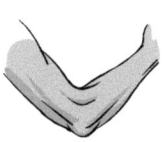

abatwɛ

dirsek

ɛhwene

burun

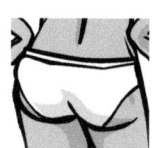

ɛtoɔ

kalça

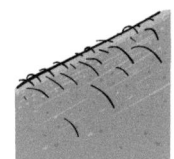

wedeɛ

deri

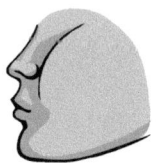

afono

yanak

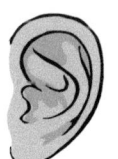

aso

kulak

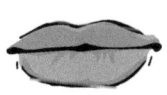

ano

dudak

anom

ağız

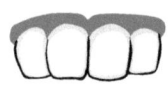

ɛsee

diş

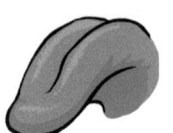

tɛkyerɛma

dil

adwene

beyin

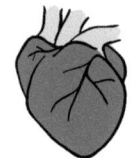

akoma

kalp

ntini

kas

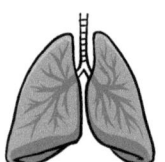

aharawa

akciğer

brɛbɔɔ

karaciğer

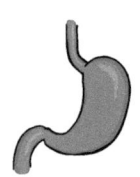

yafunu

mide

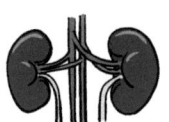

asaa

böbrekler

nna

seks

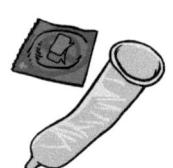

kɔndɔm

prezervatif

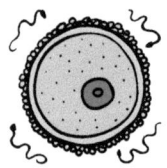

ɔbaa nkosua

yumurtalık

barima ho nsuo

sperm

nyinsɛn

hamilelik

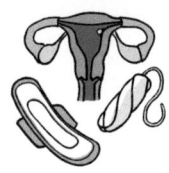

nsabuo
....
regl

ɛtwɛ
....
vajina

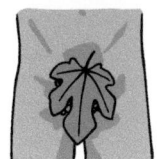

kɔteɛ
....
penis

anintɔn
....
kaş

enwin
....
saç

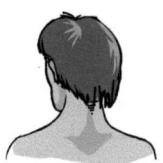

ɛkɔn
....
boyun

ayaresabea
hastane

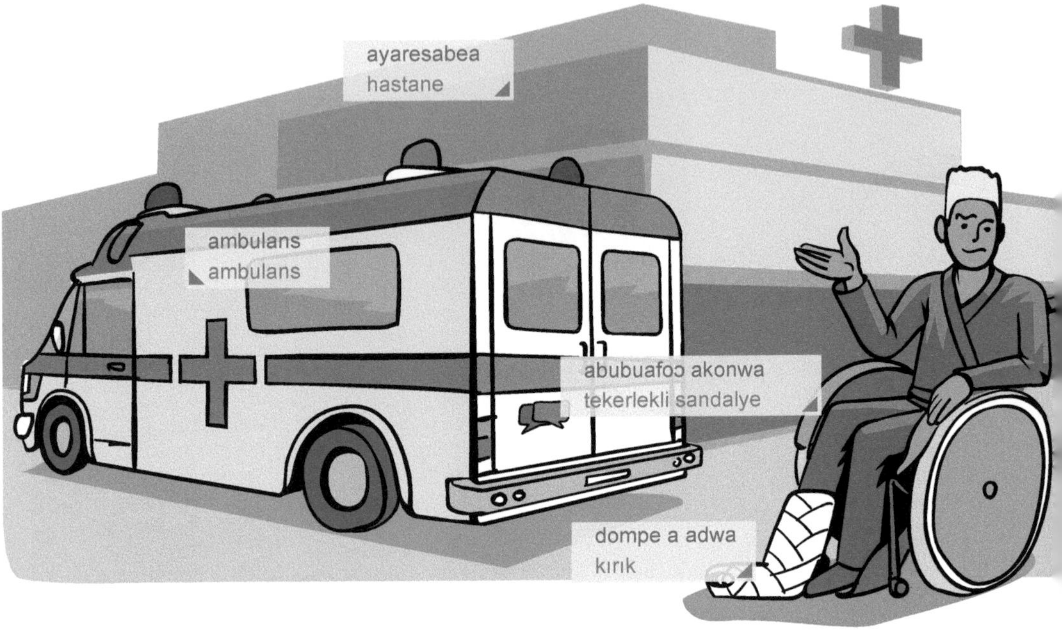

ayaresabea
hastane
ambulans
ambulans
abubuafoɔ akonwa
tekerlekli sandalye
dompe a adwa
kırık

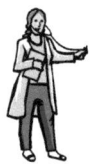

dɔkota

doktor

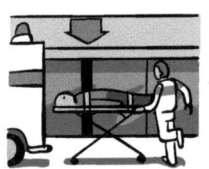

ɛdan a wɔde putupru nsɛm kɔmu

acil servis

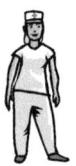

nɛɛse

hemşire

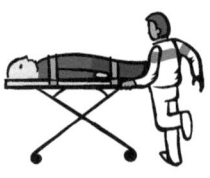

putupru

acil

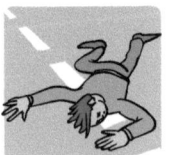

wɔ atwa ahwe

baygın

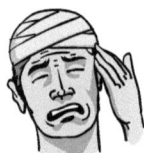

yea

acı

epira

yaralanma

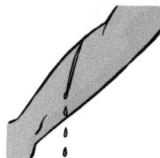

mogyatuo

kanama

akoma yarenini

kalp krizi

stroke yareɛ

felç

allegyi

alerji

ɛwa

öksürük

ahoɔhyeɛ

ateş

papu

grip

ayamtuo

ishal

tipaeɛ

baş ağrısı

kokoram

kanser

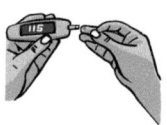

asikyire yareɛ

şeker hastalığı

dɔkota a ɛyɛ oprehyɛn

cerrah

skapɛl sekan

neşter

aprehyɛn

operasyon

CT

bilgisayarlı tomografi

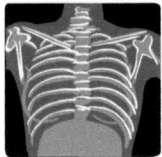

x-ray

röntgen

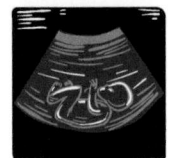

ultrasound

ultrason

nkatanim

yüz maskesi

yarɛɛ

hastalık

ɛdan a wɔ twɛn mu

bekleme odası

krɔhyes

koltuk değneği

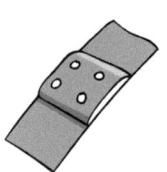

plasta

yara bandı

banege

bandaj

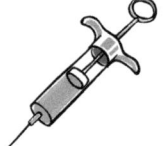

panɛɛ

enjeksiyon

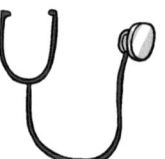

Stetoskop

steteskop

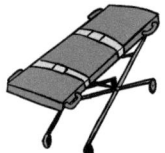

ahomankaa

sedye

afidie a esusu ahoɔhyeɛ

tıbbi termometre

awoɔ

doğum

kɛseɛ mmorosoɔ

fazla kilo

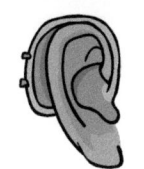

afidie a ɛboa asɛmtie

işitme cihazı

aduro a ekum mmoawa

dezenfektan

yareɛ a mmoawa deba

enfeksiyon

vaarɔs

virüs

HIV / AIDS

HIV / AIDS

aduro

ilaç

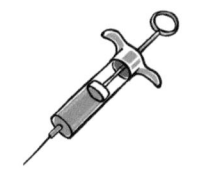

aduro a esi yareɛ ano

aşı

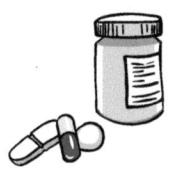

aduro tablɛte

tablet

topaeɛ

hap

ɔfrɛ wɔ putupru so

acil çağrı

afidie a esusu mogya mmrosoɔ

tansiyon aleti

yareɛ / apomuden

hasta / sağlıklı

Boa me!

İmdat!

kɔkɔbɔ

alarm

εborɔ

darp

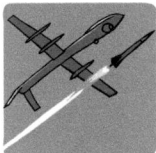

ato ahyε obi so

saldırı

εyε hu

tehlike

baabi a yεfa de pue putupru
so

acil çıkış

Ogya!

Yangın!

afidie a yεde dumgya

yangın tüpü

nkwanhyia

kaza

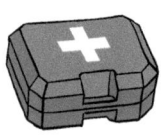

nneεma yεde sɔ yareε ano

ilk yardım çantası

SOS

imdat

polisi

polis

Yuropo

Avrupa

Amerika atifi

Kuzey Amerika

Amerika ananfoɔ

Güney amerika

Abiberm

Afrika

Asia

Asya

Australia

Avustralya

Atlantik

Atlantik

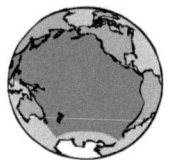

Pasifek

Pasifik

India po kɛseɛ

Hint Okyanusu

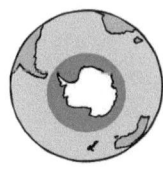

Antaatek po keseɛ

Antarktika Okyanusu

Aatek po kɛseɛ

Aıktik OkyanuƆu

Ewiase atifi

Kuzey Kutbu

Ewiase anaafoɔ

Güney Kutbu

Antaatek

Antarktika

Ewiase

dünya

asaase

kara

ɛpo

deniz

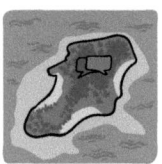

supɔ

ada

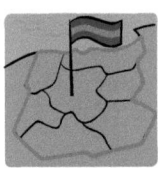

ɔman

ulus

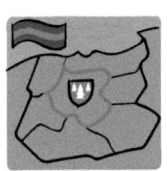

ɔman

ülke

klɔko no anim

kadran

dɔnhwere nsa no

akrep

sima nsa

yelkovan

anitɛtɛ nsa no

saniye ibresi

Abɔ sɛn?

Saat kaç?

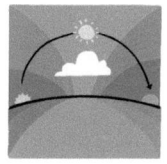

da

gün

berɛ

zaman

seeseiara

şimdi

wkye a nɔma wɔ so

dijital saat

sima

dakika

dɔnhwere

saat

nnawɔtwe

hafta

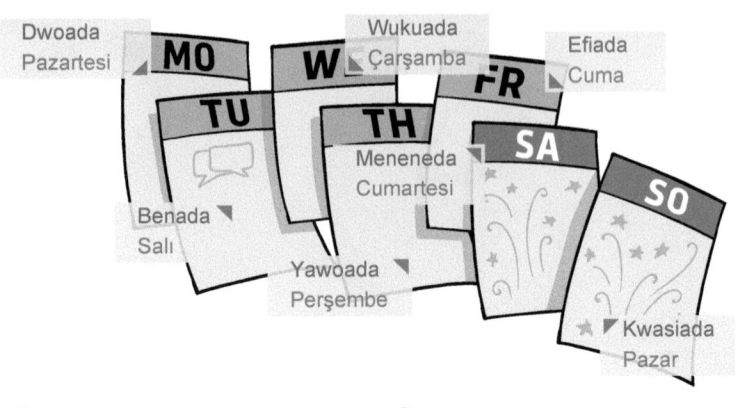

Dwoada / Pazartesi — MO
Wukuada / Çarşamba — W
Efiada / Cuma — FR
TU
TH
SA
Benada / Salı
Meneneda / Cumartesi
SO
Yawoada / Perşembe
Kwasiada / Pazar

ɛnora

dün

ɛnora

bugün

ɔkyina

yarın

anɔpa

sabah

prɛmtobrɛ

öğle

anwumerɛ

akşam

MO	TU	WE	TH	FR	SA	SU
1	2	3	4	5	6	7
8	9	10	11	12	13	14
15	16	17	18	19	20	21
22	23	24	25	26	27	28
29	30	31	1	2	3	4

adwuma nna

iş günleri

MO	TU	WE	TH	FR	SA	SU
1	2	3	4	5	6	7
8	9	10	11	12	13	14
15	16	17	18	19	20	21
22	23	24	25	26	27	28
29	30	31	1	2	3	4

nnawɔtwe awieɛ

hafta sonu

afe
yıl

nsutɔ
yağmur
nyankontɔn
gökkuşağı
asukɔkyea
kara
mframa
rüzgar
nsutɔbrɛ
bahar
autumnbrɛ
sonbahar
awiabrɛ
yaz
awɔbrɛ
kış

4.APRIL 11°
5.APRIL 4°
6.APRIL 13°
7.APRIL 8°
8.APRIL 10°

ewiem nsakrɛɛɛ

hava durumu tahmini

F
C
120
90
60
30
0
-30
40
30
20
10
0
-10
-20

afidie a esusu ade ho hyeɛ

termometre

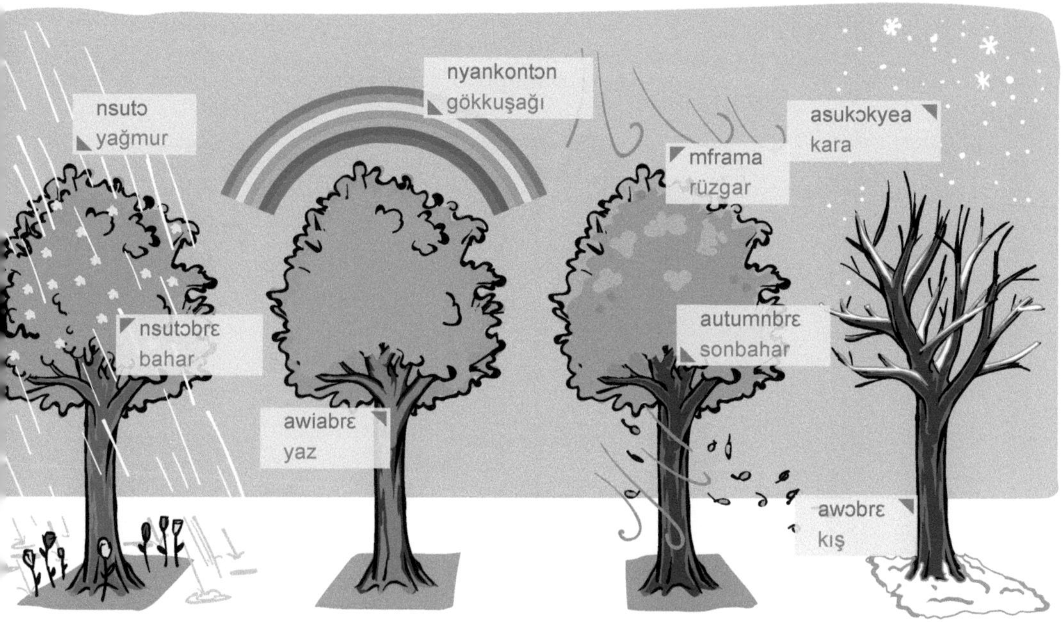

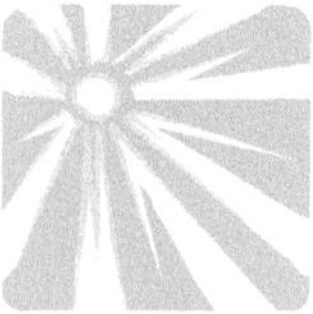

ɑwiabɔ

güneş ışığı

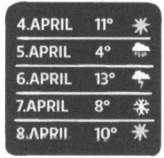

munukum

bulut

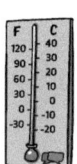

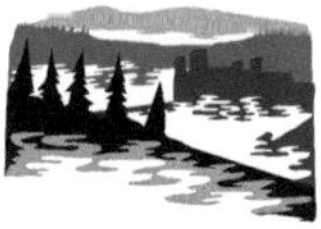

ɛbɔ

sis

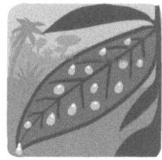

ewiem nsuo

nem

ayerɛmo

şimşek

apranaa

gök gürültüsü

ehum

fırtına

asukɔkyea

dolu

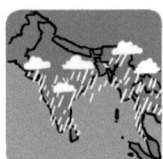

monsoonbrɛ

muson

nsuyiri

sel

aise

buz

ɔpɛpɔn

Ocak

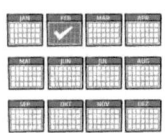

ɔgyefoɔ

Şubat

ɔbɛnem

Mart

Oforisuo

Nisan

Kotonimaa

Mayıs

Ayɛwohomumu

Haziran

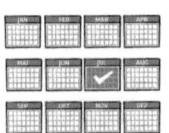

Kitawonsa

Temmuz

ɔsanaa

Ağustos

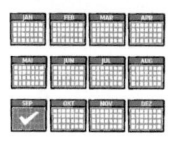

ɛbɔ
....
Eylül

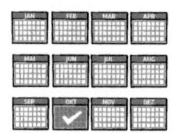

Ahinime
....
Ekim

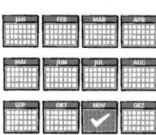

Obubuo
....
Kasım

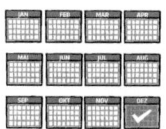

ɔpɛnimaa
....
Aralık

abosuo
şekiller

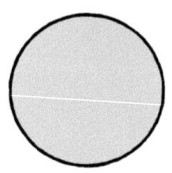

kanko
....
daire

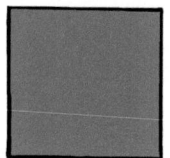

sokwɛɛ
....
kare

rɛktangel
....
dikdörtgen

triangel
....
üçgen

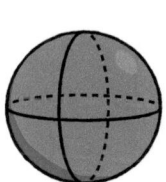

krukruwa
....
kure

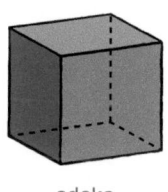

adaka
....
küp

fitaa

beyaz

akokɔ sradeɛ

sarı

ankaa

turuncu

pink

pembe

kɔkɔɔ

kırmızı

pɛpol

mor

bruu

mavi

ahaban mono

yeşil

braun

kahverengi

nson

gri

tuntum

siyah

pii / ketewa

çok / az

wo boafu / wɔ adwo

kızgın / sakin

ɛyɛ fɛ / ɛyɛ tan

güzel / çirkin

ahyɛseɛ / awieɛ

başlangıç / son

kɛseɛ / esua

büyük / küçük

ɛha / esum

parlak / karanlık

nuabarima / nuabaa

rkek kardeş / kız kardeş

ɛho te / ayɛ fin

temiz / kirli

awie / enwieɛ

tamam / eksik

awia / anadwo

gün / gece

awu / ɛte ase

ölü / canlı

emubae / ɛyɛ tea

geniş / dar

yɛde /yɛnni

yenilebilir / yenilemez

bɔne / tema

kötü / iyi

wɔ aniagye / wɔ ani nka

heyecanlı / sıkılmış

ɔso / teatea

şişman / zayıf

edikan / etwatoɔ

ilk / son

adamfoɔ / atamfo

dost / düşman

ayɛ mma / hwee nim

dolu / boş

ɛdenden / mmerɛ mmerɛ

sert / yumuşak

ɛyɛ duru / ɛyɛ ha

ağır / hafif

ɛkɔm / nsukɔm

açlık / susuzluk

yareɛ / apomuden

hasta / sağlıklı

etia mmara / ɛwɔ mmara mu

yasa dışı / yasal

nyansa / gyimi

zeki / aptal

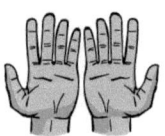

benkum / nifa

sol / sağ

ɛbɛn / akyire

yakın / uzak

foforɔ / dada
....
yeni / kullanılmış

hwee / biribi
....
hiçbir şey / bir şey

wɔ anyini/ ɔsua
....
yaşlı / genç

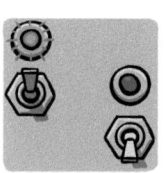

sɔ /dum
....
açma / kapama

bue / tom
....
açık / kapalı

dinn / dede
....
sessiz / gürültülü

ɔdefoɔ / ohia
....
zengin / fakir

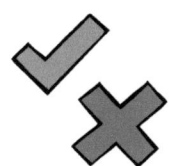

nifa / benkum
....
doğru / yanlış

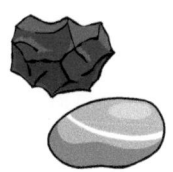

werewerɛwerewerɛ /
trontron
....
pürüzlü / düz

awerɛhoɔ / anigyeɛ
....
üzgün / mutlu

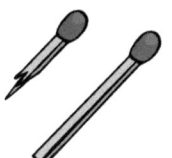

tietia / tenten
....
kısa / uzun

nyaa / ntɛm
....
yavaş / hızlı

afɔ / awɔ
....
ıslak / kuru

dedɛɛdeɛɛ / adwo
....
sıcak / serin

akoo / asomdweɛ
....
savaş / barış

0

hwee

sıfır

1

baako

bir

2

mienu

iki

3

meɛnsa

üç

4

ɛnan

dört

5

enum

beş

6

nsia

altı

7

nson

yedi

8

nwɔtwe

sekiz

9

nkron

dokuz

10

edu

on

11

du-baako

on bir

12
du-mienu

on iki

13
du-mɛɛnsa

on üç

14
du-nan

on dört

15
du-num

on beş

16
du-nsia

on altı

17
de-nson

on yedi

18
du-nwɔtwe

on sekiz

19
du-nkron

on dokuz

20
aduonu

yirmi

100
ɔha

yüz

1.000
apem

bin

1.000.000
ɔpepem

milyon

Brɔfo

İngilizce

Amerikafoɔ Brɔfo

Amerikan İngilizcesi

Chainfoɔ Mandarin

Çince (Mandarin)

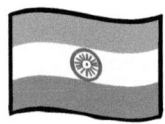

Hindi

Hintçe

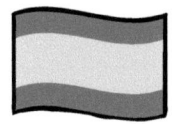

Spainfoɔ kasa

İspanyolca

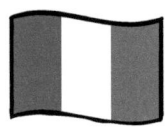

French kasa

Fransızca

Arabia kasa

Arapça

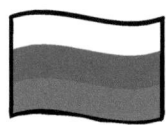

Russianfoɔ kasa

Rusça

Portugalfoɔ kasa

Portekizce

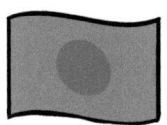

Bengali

Bengalce

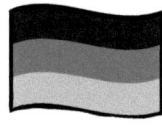

Germanfoɔ kasa

Almanca

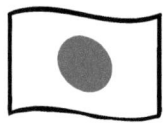

Japanfoɔ kasa

Japonca

Me

ben

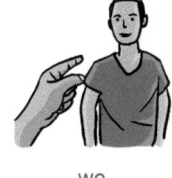

wo

sen

ono

o

yɛn

biz

wo

siz

ɔmmɔ

onlar

hwan?

kim?

deɛ bɛn?

ne?

ɛyɛ deɛn?

nasıl?

ehen?

nerede?

dabɛn?

ne zaman?

edin

isim

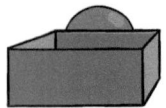

akyire

arkasında

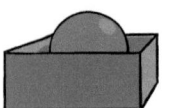

emu

içinde

anim

önünde

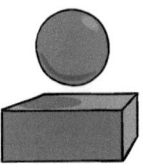

εsoro

üzerinde

εso

üstünde

aseε

altında

nkyεn

yanında

ntεm

arasında

beaε

yer